FISCAL SYSTEM
R E F O R M

财税体制
改革透视

余丽生◎著

浙江工商大学出版社
ZHEJIANG GONGSHANG UNIVERSITY PRESS
·杭州·

图书在版编目(CIP)数据

财税体制改革透视 / 余丽生著. — 杭州：浙江工
商大学出版社, 2021.6
ISBN 978-7-5178-4518-8

Ⅰ.①财… Ⅱ.①余… Ⅲ.①财税—经济体制改革—
研究—中国 Ⅳ.①F812.2

中国版本图书馆CIP数据核字(2021)第104100号

财税体制改革透视
CAISHUI TIZHI GAIGE TOUSHI
余丽生 著

责任编辑	谭娟娟	
封面设计	沈 婷	
责任印制	包建辉	
出版发行	浙江工商大学出版社	
	（杭州市教工路198号　邮政编码310012）	
	（E-mail：zjgsupress@163.com）	
	（网址：http://www.zjgsupress.com）	
	电话：0571-89995993，89991806(传真)	
排　　版	杭州朝曦图文设计有限公司	
印　　刷	浙江全能工艺美术印刷有限公司	
开　　本	710mm×1000mm　1/16	
印　　张	13	
字　　数	193千	
版 印 次	2021年6月第1版　2021年6月第1次印刷	
书　　号	ISBN 978-7-5178-4518-8	
定　　价	45.00元	

/自序/

全面深化财税体制改革目标明确、任务艰巨

党的十八届三中全会通过的《中共中央关于全面深化改革若干重大问题的决定》（后简称《决定》）提出，要全面深化改革，完善和发展中国特色社会主义制度，推进国家治理体系和治理能力现代化。而财税体制改革是全面深化改革的重头戏，《决定》提出要深化财政体制改革，并指出财政是国家治理的基础和重要支柱，确立了财政在社会主义市场经济中的职能和地位，明确必须完善立法、明确事权、改革税制、稳定税负、透明预算、提高效率，建立现代财政制度。中共中央政治局审议通过的《深化财税体制改革总体方案》提出，财税体制在治国安邦中始终发挥着基础性、制度性、保障性作用。党的十九大提出，要加快建立现代财政制度。深化财税体制改革的目标是建立统一完整、法治规范、公开透明、运行高效的，有利于优化资源配置、维护市场统一、促进社会公平、实现国家长治久安的可持续的现代财政制度。这一系列文件明确了财政改革的路线图和时间表，规划了财税体制改革的顶层设计，为财税体制改革指明了方向。

作为国民经济综合反映的财政体制，从"分灶吃饭"到分税制，从税利分流到新税制改革，从建设财政到公共财政，走过了40多年的

改革历程，基本明确了国家与企业、中央与地方的财政分配关系，建立了与社会主义市场经济体制基本相适应的公共财政体制，为社会主义市场经济的建立和发展提供了财力保障。但是，随着财税体制改革的推进，尤其是公共财政职能的不断扩大，中央和地方之间出现了事权和财权不清、事权和财力不相适应的现象，以致基层财政困难，影响了基本公共服务均等化的实现。

实践发展永无止境，解放思想永无止境，改革开放永无止境。不能因为改革中出现问题而否定改革，更不能因为改革中出现问题而停止改革。改革中出现的问题必须通过改革来解决，发展中出现的问题必须通过改革来推进，财税体制改革必须克难攻坚，发挥好财为政服务的职能，推进国家治理体系和治理能力现代化。

财税体制改革千头万绪，涉及面广、任务重，牵一发而动全身。深化财税体制改革必须按照全面深化财税体制改革的路线图和时间表，稳步推进，以建立现代财政制度。

第一，要深化财政体制改革。在进行财政体制改革之前，必须明晰中央和地方之间的事权划分，建立事权和支出责任相适应的制度。事权不清必然导致责任不清，甚至会出现互相推诿、相互扯皮的现象，从而影响政府职能的履行。当然，事权的划分也是相对的，不是一成不变的，也要与时俱进，从而使政府能够更好地履行职能。在事权划分的基础上，相应地明确财力，使事权和财力相适应，中央政府不能一味地上收财权而下放事权，上收财权必须上收事权，否则，地方政府的事权就难以履行。当前，在保持中央和地方财力格局总体稳定的前提下，结合税制改革的推进，中央财政要适当下放财权，理顺中央和地方的收入划分，稳定地方财政在增值税收入中的分享比例，逐步把消费税下放给地方，以缓解地方财政困难，增强地方财政尤其是基层财政提供公共服务的能力，使中央财政和地方财政都有能力履行好职能。同时，要规范中央和地方之间的财政转移支付制度。财政转移支付制度有利于发挥中央财政的调控作用，实现区域之间的均衡发展和基本公共服务均等化的实现。财政转移支付制度的改革，要把中央和地方之间的一般性转移支付和专项性转移支付两种转移支付的优势发挥出来，虽然专项性转移支付有利于事业的发展，但过多的专项性转移支付不利于调动地方政府当家理财的积极性，给地方财政的资金配套带来压力，也容易导致"跑部钱进"现象的出现。财政转移支付改革要减少和压缩专项性转移支付，扩大一般性转移支付的规模，把更多的财政分配自主权留给地方，以体现责权结合，满足地方经济社会发展需要。

第二，要深化税收制度改革。深化税制改革必须把税制改革和稳定税负结合起来。稳定税负不等于不改革税制，也不等于一味地减税，稳定税负属于动态的范畴，即税负有增有减，这样，税制改革才能推进。税制改革既要确保政府税收收入的稳定，又要发挥税收作为经济杠杆的调节作用，实现国民收入分配的合理化。要推进增值税改革，"营改增"扩大了增值税的征收范围，把增值税的征收范围从生产环节扩大到流通和消费环节，以确保增值税链条的完整和避免重复征税，达到结构性减税的目标。在此基础上，逐步简化和降低增值税税率，更大程度给企业减负，增强企业的竞争力。同时，发挥好税收的调节作用，实现资源的合理配置，提高资源的使用效益。要扩大消费税的征收范围，将高耗能、高污染产品及部分高档消费品纳入征收范围；要改革资源税，提高资源税的征收标准，把从量征收改为从价征收，从石油、天然气扩大到煤炭、有色金属，并逐步把水资源、森林资源、草场资源等纳入资源税的征收范围，以在全社会形成节约资源、有效利用资源的社会氛围；环境保护费改税以后，要扩大范围和提高标准，真正发挥环境保护税在生态文明建设中的作用；要降低车辆购置税的税率，并把车辆购置税从中央税改为地方税，鼓励和支持汽车尤其是新能源汽车的消费，以进一步刺激消费、扩大内需；等等。通过税制改革，进一步理顺国家、企业和居民之间的分配关系，完善地方税体系建设。

第三，要深化财政预算管理制度改革。公共财政"取之于民，用之于民"，公平规范、公开透明是公共财政的基本特点。要建立全面规范、公开透明的预算制度，将政府的财政资金全部纳入预算管理，推进预算管理科学化、规范化，提高财政资金使用绩效。要改革预算平衡办法，建立跨年度的预算平衡机制，对中央和地方政府债务要有规范的管理及风险预警机制，确保国家财政的安全、稳定、健康运行。同时，要厘清和规范重点支出和财政收支或国民收入增长挂钩的做法。对于我国目前的教育、农业、科技、计划生育、文化宣传等重点的支出，要么规定支出增长超过经常性财政收入增长，要么规定占财政支出的比例，要么规定占GDP的一定比例。如果这些支出都要满足，财政则"巧妇难为无米之炊"。在财政收入有限而社会对财政支出的需求无限的前提下，财政不能无限满足，否则，财政就会发生"寅吃卯粮"的问题。财政预算只能根据财力的可能，有所为有所不为，按轻重缓急来安排预算，以满足教育科技、医疗卫生、社会保障、公共安全、环境保护等公共需要。

"雄关漫道真如铁，而今迈步从头越。"财税体制改革必须按照《决定》和党的十九大规划的蓝图全面深化，建立现代财政制度，发挥好市场在资源配置中的决定性作用，更好地发挥政府作用，让政府承担起应有的职责，以建立适应社会主义市场经济体制要求的公共财政体制，为中华民族伟大复兴的"中国梦"提供财力支持，为全民社会福祉的提高提供财力保障。

本书的出版得到了浙江财经大学重点学科财政学的资助，在此表示感谢！

目 录

第一章 预算管理改革先行先试

按预算法要求提高财政预算执行进度

　　用好财政资金，提高财政资金的使用效益，确保"少花钱多办事、办好事"，不断改善民生和提高社会的福祉是政府的职责。但在财政资金的安排使用过程中，每年的财政预算执行前慢后快，年终花钱集中是不争的事实。尽管年终花钱集中有客观的一面，但预算支出过度集中在年底，难免有"年终突击花钱"之嫌。这不仅影响经济社会事业发展、影响社会民生的改善，而且影响财政资金的使用效益、影响社会资源的有效利用。

　　预算执行进度慢，存在年终突击花钱的现象不是新问题，可以说是年年讲、年年提，但始终难以解决，其中的缘由是多方面的。从预算制度本身分析，一方面是受预算编制方法的影响。我国政府部门编制部门预算时采用的是基数法，通常按"基数＋增长"的方式编制预算，而经济社会发展对资金的需要是不平衡的，有的部门事业发展需要增加的资金多，有的需要增加的资金少，即使是同一部门，有的年份需要增加的资金多，有的年份需要增加的资金少，有的年份甚至不需要增加资金，但是，预算一经人代会通过，就需要执行，否则就要扣减下年度的预算，因此，各政府有关部门和单位为了保留预算的基数，突击花钱就难免了。另一方面是受预算编制时间的影响。我国政府部门每年下半年就陆续开始试编预算，经过"两上两下"的过程，即"布置—试编—上报—初审—反馈—修改—再上报—审定—下达"等环节，年底基本完成预算的编制，再经过各级人代会审定以后正式通过。而我国各级政府每年的工作任务和工作重点是在年初的人代会确立的，地方各级政府的人代会有在1月份召开的，也有在2月份或3月份召开的，全国人代会在3月初召开，这样政府部门编制的部门预算和政府工作重点难免会有偏差，容易出现财政预算和资金使用上的"苦乐不均"，也会影响财政资金的安排和使用。

从预算资金的来源分析，预算资金主要来源于本届政府的预算安排和上级政府财政的转移支付。分税制改革以来，国家为了理顺政府间的财政分配关系，中央财政和地方财政建立了转移支付制度，地方财政尤其是经济欠发达的中西部地区财政相当一部分财力来自中央财政的转移支付。同时，中央对地方的财政转移支付又有一般性转移支付和专项性转移支付之分，专项性转移支付又由各个专项组成。一般来说，在一般性转移支付资金和专项性转移支付资金中，一般性转移支付资金下达的进度快，预算执行的进度也快；而专项性转移支付项目多，涉及的政府部门也多，预算下达慢，自然执行的进度也慢。这样中央财政的转移支付就直接影响地方财政预算的执行进度，中央资金下达得快，地方预算执行的进度就快；中央资金下达慢，地方预算执行的进度自然慢。同样，地方各级政府之间的财政转移支付也影响预算的执行进度。

尽管预算执行进度慢有客观的因素，但预算制度本身存在的不合理因素也是不可忽视的。而新修改后的预算法的实施为提高预算执行进度提供了保障。各级财政为了避免预算执行进度慢、出现年终突击花钱的现象，应严格按照新修改的预算法的要求，建立科学、规范、合理的预算制度，用好财政资金，发挥好财政资金的使用效益，实现"少花钱多办事、办好事"的要求。

第一，滚动预算求真实。预算编制是预算执行的前提，预算编制的科学合理是预算有效执行的保障，也是避免年终突击花钱的重要条件。长期以来，我国部门和单位主要采用"基数+增长"的方式编制预算，即采取基数法的方式编制预算，这为部门和单位争取预算资金提供了便利，也给预算的真实性留下了"隐患"，因为部门和单位每年的工作任务和工作目标是不一样的，对政府财政资金的需要也是不一样的。有的年份工作任务重，需要的财政资金就多；有的年份工作任务轻，需要的财政资金就少，而一旦资金使用有结余，就有可能造成部门和单位年终突击花钱。要避免预算制度本身带来的弊端，编制一种三年的滚动预算是不错的选择。滚动预算可以使部门和单位从更长的时期考虑预算，把预算和事业发展有机结合起来，使编制的预算更加真实，更加容易执行，即使预算出现结余也可以滚存到下一年度，避免了年终突击花钱的现象。同时，编制预算时也要打破基数法，突破既得利益的束缚，采取零基预算和绩效预算的方式，按财政支出的轻重缓急和财政资金使用的效益编制预算，把财政资金用好、用得更有效。

第二，整合资金压专项。预算执行进度跟财政资金的性质有一定的关系，而地方政府的财政资金除了本级的财政收入之外，还有一部分来自中央财政的转移支付。分税制改革以来，我国已经建立了包括以一般性转移支付制度和专项性转移支付制度为主体的财政转移支付制度。一般性转移支付是不规定具体用途，由地方政府统筹安排的转移支付形式，其特点是有利于均衡地区财力，推进基本公共服务均等化；而专项性转移支付是上级政府为特定的政策目标而设立的资金，其特点是专款专用，有利于经济和社会事业发展。在我国现行的转移支付制度中，相对于一般性转移支付，专项性转移支付下达的进度要慢，直接影响预算的执行进度。结合财政转移支付制度改革，逐步扩大一般性转移支付的规模，缩小专项性转移支付的规模，同时，对财政专项资金进行整合，在此基础上，按预算进度安排财政资金，提高财政预算执行进度，从源头上控制预算执行进度，以避免年终突击花钱。

第三，制定标准防估算。财政预算是财政支出的基础和前提，反映的是财政支出的要求。编制预算必须要有严格的标准和要求，否则，预算的编制缺乏依据，使部门和单位编制预算变成估算，预算和实际的要求差距大，给预算的执行带来难度，则要么资金结余要么资金不足，以致资金结余而出现突击花钱也是难免的，当然，预算标准必须符合实际，符合经济发展水平和物价水平，使预算编制的结果和预算执行的要求基本相符。当前，各级政府要规范支出管理，结合经济发展水平和物价水平，在全国统一且适当考虑地区差异的前提下，及时制定和出台相关的制度和政策。同时，出台的制度和政策要符合我国的国情和社会消费的水平，有量化的尺度和可执行的标准。如对会议费的开支，必须规定不同性质会议的时间长短和开支标准；对公务接待，必须明确食宿的标准，便于部门和单位执行，使部门和单位的预算"有据可依，有据可查"。这样，财政预算就比较真实，减小了预算和实际预算执行需要的差距，能够有效控制部门和单位年终突击花钱现象的产生和出现。

第四，预算增减定机制。由于政府部门或单位每年的工作任务是不一样的，以及受每年价格波动的影响，政府部门编制的预算和实际预算执行的结果存在差距，即预算结余或预算赤字，这是客观存在的。而我国目前政府部门或单位一般不允许出现预算赤字，除非有特殊需要，一般不允许追加预算，因为追加预算要经过一定的审批程序，通过难度大，一般部门和单位也会按照"量入为出"的原则安排预算。至于预算出现结余，一旦超出一定的比例，各级财政部门就要扣减部门和单位下年度的预算，这也促使一些部门和单位年终突击花钱。为了避免因预算执行出现的年终突击花钱而造成的财政资金浪费，各级财政部门应该及时调整预算执行中存在的不合理的规定或办法，建立预算增加或核减的调节机制，在严格执行预算开支范围和标准的前提下，允许部门和单位在一定范围内增加或核减预算，对当年的预算结余作为财政结余资金收回财政国库而不影响部门和单位下年度的预算，给部门和单位吃下"定心丸"，使预算得到严格的执行。

第五，绩效评价促效率。财政资金从预算到执行，从执行到监督，直至使用效果的绩效评价并反馈到预算是一个完整的过程，财政预算的执行仅仅是财政资金运行的一个环节，不是财政资金使用的结束，财政资金使用的监督评价是不可忽视的内容。长期以来，政府和部门对财政资金的绩效评价的重视是不够的，如今，随着公共预算改革的推进，财政资金的绩效评价逐步深入人心、被社会接受，财政资金使用的绩效评价已成为财政资金管理的重要环节。通过财政资金的绩效评价，可以发现，财政资金使用的效益和效果，对一些使用不好或长期闲置不用的、影响财政资金执行进度的财政资金，财政通过取消和收回国库，就能够调整财政资金的使用方向，优化财政支出结构，提高财政资金的使用效率。因此，加强财政预算管理，各级政府和财政部门必须重视绩效评价工作，加大财政资金绩效评价的力度和范围，把绩效评价作为加强财政资金管理的重要方法和工具，对那些长期不用或使用不当的财政资金要及时调整，以提高财政预算的执行进度和资金的使用效益。

改进预算编制方式求突破

财政预算是政府的财政收支计划，决定着政府收支规模和活动的范围，为政府职能实现提供财力保障，而财政预算编制是财政预算工作的基础，是财政预算工作的基础环节。财政预算的地位决定了财政预算编制的重要性，财政预算编制得科学不科学、合理不合理，直接关系经济社会事业能否发展，关系政府职能能否实现，关系财政资金使用的效益。2016年12月30日，习近平总书记主持召开的中央全面深化改革领导小组第三十一次会议上指出，厘清和规范重点支出同财政收支增幅或生产总值挂钩事项，是深化预算管理制度改革的重要内容，要坚持优化结构、精准扶持、量力而行，改进预算编制方式，完善重点支出保障机制，增强财政资金统筹能力，确保财政可持续，推进基本公共服务均等化，使重点领域财政投入同我国经济发展阶段和社会事业发展需要相适应。会议提出的预算编制方式改革思路直戳我国预算编制存在的痛处，点出了预算编制悬而未决的难题，对改进预算编制方式提出了明确的要求，为改进预算编制方式指明了方向。

财政预算作为财政年度收支计划，一年一编。每年的七八月份开始，政府各级财政和各个部门就要开始酝酿和编制政府财政预算和部门预算，并经各级政府年初的人代会审议通过后实施。但各级政府每年编制财政预算都会遇到共同的问题，就是财政预算编制难，可谓"财政预算难预算"。

财政预算编制难主要体现在各种挂钩支出满足难，使得财政支出"捉襟见肘"，财政收入难以满足财政支出需要，这是各级财政在预算编制过程中普遍遇到的问题。一是法定支出保障"难"。法定支出主要是我国有关法律规定的支出。《中华人民共和国农业法》《中华人民共和国教育法》《中华人民共和国科技进步法》等都明确要求，财政每年对农业的总投入、对教育的拨款、对用于科学技术的经费的增长幅度应当高于财政经常性收入的增长幅度。国家从法律的高度要求财政预算要满足法定支出需要。二是政策保障"难"。除了法定支出之外，在医疗卫生、环境保护、计划生育、文化宣传等方面，中央和地方的政策法规也规定了相应的要求，要么规定支出增长超过经常性财政收入增长，或者规定占财政支出的比例，或者规定占 GDP 的一定比例。要求财政预算给予保障。三是各种考核保障"难"。"文明城市""卫生城市""体育强县""生态强县"等各种考核，国家都有统一的标准，对地方财政都有财力保障的要求。为了加快地方经济社会事业的发展，扩大地方的知名度，改善地方的投资环境，地方政府总要在各种考核中为地方争取荣誉，就相应需要财力的预算保障。四是各种政策的配套"难"。在我国财政转移支付中，除了一般性转移支付之外，存在大量的专项性转移支付。中央和省财政下达给市、县的财政专项基本上要求市、县要有相应的财政资金配套，否则地方是很难拿到财政专项的。一些地方政府不管财力有没有保障，总要想方设法争取中央和省财政专项，安排相应财力做保障，使紧张的财政预算更加难安排。一般来说，没有部门和单位说要压缩预算支出或者主动提出要减少预算，这样，就把难题推到财政，集中到财政，财政预算编制的"难题"就应运而生。财政预算说不难也难，有说不出的难。

我国面积大、人口多、底子薄、地区发展不平衡的基本国情，决定了我国各地经济发展水平、民生事业发展重点是有区别的，基本公共服务的需求也是有区别的，而以满足重点支出同财政收支增幅或生产总值挂钩事项的预算编制方式，不仅给预算编制带来困难，也会影响政府财力的统筹使用，影响财政资金的使用效益，甚至造成资源配置的不合理和资源配置的浪费。一是影响财政职能的发挥。分配是财政的基本职能，政府通过财政资金的分配，并运用到国民经济和社会事业发展的方方面面，既推动了经济社会事业发展，又实现了对民生的改善，对经济社会发展发挥调控作用，使财政的职能得到发挥。而按照挂钩事项安排财政预算，把属于财政的分配职能事先分解到政府的各个部门，相当于每个部门都承担财政的分配职能，等于财政分配职能的分散化，这就影响财政职能的发挥，使财政的职能难以得到有效行使。二是影响政府财力的统筹使用。财政资金是有限的，而社会发展对财政资金的需求是无限的，财政资金的稀缺性是财政分配永恒的难题。在财政资金有限的前提下，如果完全按照挂钩事项安排预算，采取"普降细雨"和"普撒胡椒面"的方式分配财政资金，不统筹安排财力，不集中财力办大事，政府想干事、干成事的目标难以实现，一些大的建设、大的项目难以推进，进而影响经济社会事业的长期稳定发展。三是影响财政资金的使用效益。虽然财政资金不同于信用资金，不以营利为目的，但财政资金使用也要讲究使用效益，这种使用效益更多体现在社会效益上，该花的、必须要花的要保障，不该花的坚决不花，即少花钱多办事、办成事。而针对财政预算按挂钩事项分配财政资金，一方面是财政资金难以保障；另一方面是财政资金使用不合理，有些财政资金用不出去，导致财政资金的结余或沉淀，直接影响了财政资金的使用效益。

由于财政资金的稀缺性，财政预算编制完全根据挂钩事项安排，挂钩支出都要满足，财政即使有"三头六臂"也举步维艰，难有作为，因为"巧妇难为无米之炊"。但满足重点支出需求是必要的，都是为了加快推进经济社会事业发展。在社会主义初级阶段，国家的基础设施建设需要财力保障，农业基础地位的巩固需要财力保障，社会保障制度和体系建设需要财政保障，医疗体制改革需要财力保障，教育、科技、卫生、文化、体育事业的发展都需要财力保障，环境的改善和治理也需要财力来保障等，改革和发展的任务依然艰巨，政府提供的公共服务和社会的需求还有不小的距离。面对需求无限和财力有限的矛盾，财政必须"跳出财政看财政"，改进预算编制方式，清理规范重点支出同财政收支增幅或生产总值挂钩事项。财政预算的编制必须统筹兼顾，要根据经济社会事业发展的轻重缓急，量力而行，合理安排，实现经济社会事业的可持续发展。

第一，要把财政法治建设作为预算编制的基础。建设法治财政是依法治国的需要，是财政改革的方向，而法治财政必须要求依法编制财政预算。预算法对预算的编制有明确的要求，要求政府财政预算要收支平衡，在这种情况下，《中华人民共和国教育法》《中华人民共和国农业法》《中华人民共和国科技进步法》规定的教育、农业、科技等法定支出和预算法是有矛盾的，这就需要加快财政法治建设，对其中涉及财政的条文进行相应的修改。中央和地方各级党委和政府出台的有关政策法规、决议决定，凡涉及政府财政的，对财政应该提出原则性的要求：要求财政增加预算的投入，但不应该制定具体的定量的要求；要求财政在某些方面和领域支出的具体比例，以给财政预算安排留有空间。否则，财政预算不能被满足，既影响了国家政策法规的严肃性，也给政府预算编制带来困难。同时，对中央和省级财政要求市、县财政预算资金配套的，原则上要减少市、县财政资金的配套，非要配套的，也要有所区别。对经济发达、财政富裕的地区，财政配套的比例可以适当地提高，而经济落后或经济欠发达地区，财政配套的比例要降低，甚至不配套，以给经济落后或经济欠发达地区有休养生息的机会，促进区域均衡发展。

第二，要把合理界定政府财政的职能范围作为财政预算编制的前提。政府财政职能范围是财政预算的基础，也是财政预算作用的范围。尽管我国的财政收入每年仍然保持一定比例的增长，但随着我国经济发展进入新常态，财政困难是长期的，财政收入难以满足财政支出需要也成为新常态，这需要从政府的职能范围方面寻求解决的办法。早在1998年我国就明确财政改革的目标是建立公共财政，财政主要为社会提供公共产品，满足社会公共需要，但对公共财政的作用范围始终鉴定不清。经济发展、社会事业的发展都需要财政的介入，财政成了名副其实的"消防员"，疲于应付，以至于社会形象地概括"公共财政是个筐，什么都可以往里装"，但再多的收入也难于满足支出的需要，财政困难是难免的。要避免财政预算困难，使财政能够轻装上阵，还要从政府财政的职能着手，区分政府和市场的界限。市场经济必须发挥市场配置资源的决定性作用，树立"大市场、小政府"的理念，凡是市场能够作用到的地方、作用到的领域，必须发挥市场机制的作用，政府千万不能越俎代庖、与民争利。只有市场作用不到或者市场不愿作用的领域，政府财政才能积极主动地介入，确保政府职能的回归，也只有这样，政府财政预算才能走出困境，缓解需要和可能的矛盾，实现"花小钱，办大事"的政策目标。

第三，要坚持按"量入为出，收支平衡"的理财思路编制财政预算。"量入为出，收支平衡"是政府基本的理财原则，也是政府财政预算编制的指导思想。虽然财政平衡是暂时的，财政不平衡是长期的，但从动态的角度看，财政仍然是平衡的。当然，在经济发生困难的时候，国家为了刺激经济发展，也要实施积极的财政政策，允许财政赤字、增加债务、扩大政府支出。一旦经济回升，政府财政政策就需要转变，从积极转为稳健。这更多是从中央财政的角度分析，因为中央财政有这方面的调控职能，可以允许财政赤字，允许负债，中央财政也有弥补财政赤字的手段。从地方的角度看，我国的预算法对政府财政做了明确的要求，对地方政府债务有严格的限制，地方政府财政要保持收支平衡，尽管地方政府可以发债，但发债的主体仅仅是省级政府，发债的额度由国务院统筹安排。更何况我国目前不仅中央财政，甚至地方财政都存在大量的负债。政府债务也是有底线的，不能无限扩大，因为债务是一把"双刃剑"，使用不当是会出问题的，欧债危机就是深刻的教训。因此，政府编制财政预算，必须以预算法为统领，同时考虑各项法定支出，以及政府的政策目标，在"收支平衡"的前提下编制财政预算，以确保财政持续、平稳、健康地发展。

第四，要统筹政府财力编制财政综合预算。财政收入通常指一般预算收入，主要由各种税收收入组成，而政府的财力除了一般预算收入之外，还有大量的政府性基金收入，以及各种非税收入，土地出让金就是其中重要的一项。从2011年开始，按照财政部的统一要求，我国取消了预算外收入，将所有的预算外收入纳入预算，这是规范预算管理、统一政府财权的需要。将预算外资金纳入预算管理，各地的做法是不完全一样的，有的地方纳入预算内管理，有的纳入政府基金管理，这样，各地财政收入的口径、收入的结构是不一样的，但无论如何这些财政资金都是政府财力。长期以来，政府财政预算编制的主体是一般预算收入，局限于预算内的财力，政府预算往往捉襟见肘，办许多公共事业"心有余而力不足"，其实这和政府财力的组成是不一致的。各级政府安排预算就不能仅仅局限于预算内的财力，要将政府的财力综合考虑、统筹安排，编制综合预算，将分散的财力变为集中的财力，集中财力办大事，确保政府政策目标的实现。

第五，要按轻重缓急编制财政预算。在政府财政收入有限，而社会对政府财政支出的需求无限的前提下，财政不能无限满足，否则，财政就会发生"寅吃卯粮"的问题，这给财政预算安排带来了压力。财政只能有所为有所不为，抓住重点，学会"弹钢琴"，按轻重缓急来安排预算。这里的轻重缓急必须和政府当前的工作重点与地方经济社会发展的重点结合起来，必须和地方的实际结合起来。不同的地方、不同的发展阶段，社会经济发展的重点也是有所区别的，如有些民生支出在有的地方是重点，而在有的地方已不是问题，甚至已经实现。因此，财政预算只能根据财力的可能，在基本满足教育科技、医疗卫生、社会保障、公共安全、环境保护等民生需要的前提下，不同时期、不同阶段有重点地满足不同需要。对教育、农业、科技等法定支出，财政预算要基本满足需要；对每年人代会上通过的决定、政府要实现的工作目标，财政预算要给予保障；对政府的行政支出，各政府部门的会议费、出国费等"三公"经费要严格控制、要压缩；对有些能够通过市场机制发挥作用的领域，财政只能给予一定的支持，政府不能也不应该包办，应尽可能发挥市场的作用，发挥财政资金的四两拨千斤作用，引导社会资本的投入，如道路交通等基础设施建设。当然，一些财政困难地区，对法定支出，政府预算如果不能全部保障，财政只能在不同年份有重点地给予保障，或者有重点地保障其中必须保障的重点支出，把财政资金用到最需要的地方，满足社会公共需要。

第六，要把预算绩效评价作为财政预算编制的依据。无偿性是财政资金的基本特征，这是财政资金与银行信贷资金的本质区别，这也使长期以来部门和单位形成使用财政资金不讲效益、财政资金不用白不用的错误观念。其实，财政资金来自纳税人缴纳的税收，使用财政资金必须讲究效益，不该用的财政资金绝不能用，不该浪费的财政资金绝不能浪费，把财政资金用到最需要用的地方、最有效益的地方。为了确保财政资金的合理使用，财政预算绩效管理是有效的手段。各级财政部门应该加强对预算资金使用的绩效评价，扩大评价的范围。预算绩效评价不能光评好的，更重要的是要评不好的，否则，预算绩效评价就失去价值，并把预算绩效评价结果作为财政预算编制的重要依据。对使用效益不好或使用效益不高的项目，财政预算要予以核减；对长期不用或有大量结余的财政资金要收回财政；对确实没有必要保留的项目要予以取消或合并，以发挥好财政资金的作用，提高财政资金的使用效益。

财政投资如何聚力增效

习近平总书记指出：发展是第一要务，人才是第一资源，创新是第一动力。要发展，投资是不可或缺的，投资、出口和消费被称为经济发展的"三驾马车"，尽管我国经济已从出口导向型向需求推动型转型，但无论如何，要发展，投资依然是不可或缺，投资是经济发展的直接动力。按照全面深化经济体制改革必须发挥市场在资源配置中的决定性作用和政府的重要作用的要求，市场是资源配置中的主体，市场主体是投资的主导，市场主体的投资起决定性作用，但同时政府投资的重要作用必须发挥好。在改革开放进入新时代，如何聚力增效，带动经济发展，财政投资面临选择和挑战。

一、财政投资资金怎么来？集中财力办大事

俗话说："巧妇难为无米之炊。"要增加财政投资必须解决资金的来源问题，而财政资金来源于经济的发展，随着我国经济发展进入新常态，面临财政收入的增长的难度大于财政支出的增长控制难的问题，财政收支矛盾将是长期的，要解决财政投资的资金来源问题，必须着眼于调整财政支出结构，控制一般支出，增加重点支持，提高财政资金使用绩效，以实现集中财力办大事的目标。

财政预算调整"省出"一块。财政预算的集中主要通过财政支出结构的调整来实现，而财政预算是财政的计划，事先都是有安排的，要调整的难度可想而知，但也不是没有余地。财政支出要随经济社会发展和财力的变化做相应的调整，对财政的民生支出，这是财政支出的重点和大头，要优先保障，保障的前提是民生支出要和财力的增长相匹配，既要"尽力而

为"，也要"量力而行"，只能是"迈小步，不停步"，不能盲目地增长，以避免陷入"福利陷阱"——西方国家在这方面的教训是深刻的——给政府集中财力办大事留有余地。对政府的行政支出要严格控制，这方面是有潜力的，按照"小政府，大服务"的要求，结合机构改革，对政府的职能进行重新梳理和规范，减少政府对市场的干预，降低政府的行政成本，压缩政府的行政开支。通过财政支出结构的调整，从财政预算中省出一定的资金，用于财政投资，这是能够做到的，也是财政职责的需要，是财政适应经济社会发展的必然选择。

财政专项资金整合"挤出"一块。财政资金分散表现在财政专项多、规模小，甚至存在重复设置专项现象，导致财政专项资金被多头申报、重复申报时有发生，直接影响财政资金的使用效益。要避免财政专项小而散且使用效益不高的问题，必须对财政专项进行整合，但财政专项的整合涉及部门和单位的利益调整，难度是可想而知的，有效的方式是开展财政资金使用的绩效评价。通过财政资金使用的绩效评价，对财政资金使用的效果进行评价，对财政资金使用效果好的财政专项资金给予支持，对使用效果不好或起不到应有作用的财政专项资金给予取消，这样，财政资金使用的绩效评价就能起到推动财政专项资金整合的作用，把一部分分散的财政专项资金集中起来，用于支持经济发展，为财政投资提供财力支持。

财政结余资金清理"集中"一块。长期以来，我国的预算编制采用"基数+增长"的方式编制，其中一些法定支出、重点支持等采取挂钩的形式，有的和GDP的增长挂钩，有的和财政收入增长挂钩，有的和财政支出的增长挂钩等，这种预算编制方式的执行的结果是要么预算结余，要么预算不足，导致预算和决算不一致；有一些部门和单位预算执行不了，资金用不出去，存在资金结余，出现财政资金的闲置和使用效益不高的问题。当然也会出现资金不足的现象。对部门和单位的结余资金，尤其是一年以上的结余资金，不需使用和使用不了的，财政部门必须及时进行清理，收回国库，统筹安排，集中一部分用于财政投资，变"死钱"为"活钱"，这不仅解决了财政投资的资金来源问题，也有利于发挥财政资金的使用效益。

地方政府债券发行"增加"一块。对政府债务，各级政府和财政部门必须要认清其的"两面性"，才能用好债券资金。债务首先是筹集资金、为经济发展提供支出的政策工具，可以把未来的钱提前使用，推动经济跨越式发展。但同时，债务使用不当或使用不好，超过财力大规模负债，会给财政带来风险，给经济社会发展造成危害，因此使用债务必须对政府债务要有清醒的认识。新的预算法对地方政府债务管理做了明确的要求，明确地方政府可以负债，对地方债务实行"开前门，堵后门"的管理，这给地方政府利用债务手段筹集建设资金吃了"定心丸"，但同时也明确规定地方政府债务的规模和使用方向。地方政府要在债务安全、风险可控的前提下，用好债务工具筹集资金，尤其是对一些地方急需发展而有资金偿还保障的项目，要用好专项债券筹集资金的政策工具，积极发行土地收储、城市地铁等方面的专项债券，筹集资金用于财政投资，支持地方经济发展。

有源自有活水来。财政资金是财政职能作用发挥的基础，只有资金来源确保了，财政的功能才能发挥出来。因此，必须多渠道筹集财政资金，尤其是要通过财政支出结构的调整和对财政管理的加强，集中财力，把分散的资金集中起来用于财政投资或增加财政投资，才能增强财政的调控功能，为经济发展提供支出，财政政策才有运作的空间和余地。

二、财政投资支持什么？好钢用在刀刃上

要增加财政投资，必须明确财政投资的方向，以发挥财政投资的政策功能，弥补市场缺陷、推动经济发展。2008年金融危机爆发以来，我国出台过"四万亿元投资"的政策，这四万亿元的投资尽管发挥了积极的作用，但教训也是非常深刻的，保留了大批的落后产能，导致大量的重复建设和产业结构的雷同。随着我国经济从高速发展阶段进入高质量发展阶段，结合供给侧结构性改革"三去一降一补"的要求，财政投资的前提是不与民争利，用于市场作用不到或作用不好的领域和方面，把好钢用在刀刃上，重点用于助推高质量发展。

财政投资要着力基础设施建设。要致富，先修路。道路、机场、港口、码头等基础设施建设，是经济发展的基础，是吸引投资的前提。要发展经济，要吸引投资，必须改善基础设施，创造良好的投资环境，基础设施建

设是发展经济不可或缺的，但由于基础设施建设投资时间长、投资规模大、投资见效慢，不是市场主体企业能够承受的，企业是不愿意或不想投资的，需要政府来提供。财政投资就是要重点投资基础设施的建设，解决企业不想干或不愿干而经济社会发展又必需的项目，为经济社会发展创造条件。各级财政必须集中财力，加大对基础设施的投资，这是财政的职能所在。同时，按照地方产业规划的要求，财政投资也要加大对产业园区或工业园区建设的支持，解决产业园区的道路、通信、水电等基础设施和公共配套服务的建设问题，为地方产业的集中和吸引外来投资创造条件，推动地方经济的发展。

财政投资要重点推动科技创新。2008年金融危机爆发以来，我国经济不能独善其身，也受到严重的冲击，尤其是对一些以低小散加工业为主的地区冲击更加明显，而沿海的广东、浙江、江苏等省份，珠三角、长三角等经济发达地区，深圳、杭州、合肥等一些城市通过产业结构的调整、经济的转型升级，通过科技创新、大规模发展新经济，率先从危机中走出，把危机变成转机，实现了经济的快速回升、经济的新发展。随着我国从制造业大国向制造业强国、从加工型经济向创新型经济发展，我国最缺乏的、最需要弥补的短板是科技创新，未来需要提高我国经济的竞争力，需要大力发展信息经济，大力发展新能源、新材料，大力发展先进设备制造业等高科技产业，这是我国经济发展必须要迈过的"坎"，国家进行财政投资时必须把科技创新作为重点，作为推动经济发展的突破口。财政资金要大力支持科技创新，支持重大科技攻关，解决我国经济发展的瓶颈问题。同时，要大力支持科技孵化器、科技创新平台建设。鼓励和支持更多的科技成果产生，鼓励和支持更多的科技成果转化为现实的生产力，让科技成果惠及经济社会发展。也要鼓励"大众创业、万众创新"，鼓励更多的企业走科技创新之路，为企业的创新创造必要的条件，让企业成为创新的主体，增强企业的核心竞争力，提高科技对经济的贡献度。

财政投资要支持人才发展战略。经济的竞争归根结底是人才的竞争，哪里拥有人才，哪里能够吸引人才、留住人才，哪里的经济就有活力，哪里的创新就有动力，发展就有持续性。我国作为世界大国和最大的发展中国家，必须着眼于全球的视角，从世界各地吸引创新型人才，增强经济的竞争力。地方政府必须创造条件吸引人才，财政投资要为人才的引进提供便利。一方面要为人才引进提供必要的配套资金，为人才的创新提供条件，使人才的作用能够得到发挥，避免人才因为"不为五斗米而折腰"而导致的人才浪费；另一方面解决好引进人才的后顾之忧，要为引进人才解决所需要的住房、就业、就学等公共服务问题，即解决好人才公寓、子女就学等具体问题，使引进的人才能够安心创业。

三、财政投资如何支持？四两拨千斤

稀缺性是经济学永恒的话题，财政收支矛盾是财政永恒的主题。财政资金是有限的，而经济社会发展对财政资金的需求是无限的，财政永远处于紧张运行状态，这是财政基本特征，因此财政投资往往是"心有余而力不足"。但这不等于财政不作为或财政不能作为，财政作为推动社会主义市场经济发展的重要经济手段或经济杠杆，在资源配置过程中能发挥重要作用。财政投资必须结合财政的实际，重点是发挥好"四两拨千斤"的杠杆作用，通过财政投资起引导作用，吸引更多的市场主体、社会资本投资经济发展，实现经济的高质量发展。

财政投资要依靠发展政府产业基金来引导。政府产业基金是在财政专项资金的基础上，参照市场上风险投资基金的运作模式而发展起来的。近年来，政府产业基金发展很快，政府产业基金和财政专项资金共同的特点都是用于财政投资、支持经济发展，但政府产业基金和财政专项资金最大的不同是产业基金是有偿使用的；财政专项资金是无偿使用的，同时，政府产业基金有明确的使用方向，重点用于支持转变经济发展方式，推动经济结构调整，支持经济转型升级，更重要的是政府产业基金有带动效应，可以引导社会资本投资。政府产业基金不仅能够提高财政资金的使用效益，防范财政风险，而且能够优化经济结构，增强地方经济的竞争力。因此，为了经济发展，政府要逐步减少使用财政专项资金的形式，更多采取政府产业基金的形式。通过政府产业基金，利用政府的信誉，就政府的产业导向、政府支持重点给市场明确的信号，引导更多的社会资金投资经济发展，

发挥财政资金的放大效应，达到"少花钱，多办事，办成事"的效果，解决经济发展的资金问题，推动经济发展，尤其是加快科技创新，支持实体经济发展。

财政投资要积极运用政府和社会资本合作的PPP模式。政府和社会资本合作的PPP模式是规范地方债务管理以来，解决政府投资问题的一种方式。PPP模式的核心是解决基础设施建设的融资问题，即通过财政资金的引导作用，带动社会资本投资基础设施建设，既为基础设施建设筹集资金，降低政府的债务负担，又为社会资本投资基础设施建设找到突破口，实现政府和社会资本的"双赢"。财政投资必须用好PPP模式，改善投资环境，推动经济发展。一方面要积极运用PPP模式。对一些投资有效益，又是经济社会发展必需的，而地方政府一时又拿不出足够资金的项目，如高速公路、高铁、地铁、饮水工程、城市污水处理等项目，要积极运用PPP模式，发挥PPP模式的优势，推进这些基础设施和基础项目的建设，扩大有效需求，推动地方经济发展。另一方面要控制PPP模式的风险。运用PPP模式是有前提的，要有收益的预期，未来是有稳定现金流来保障的；否则，就是盲目的PPP模式，即PPP模式变成变相的负债，这是要严格控制的，也是不允许的，会给财政造成隐患，增加地方政府的新债务，导致财政风险的加剧。

财政投资要引入竞争性分配方式。社会主义市场经济是竞争的经济，也只有竞争才有活力、才有效益。竞争不仅是效益的基础，也是财政资金作用更好的保障。尽管财政资金不同于货币资金，公平是财政分配的前提，但公平分配必须建立在效益优先的基础上，必须讲究财政资金的使用效益。因此，财政投资的资金分配方式，要更多采用竞争性分配的方式。财政投资必须摒弃传统的"先有资金再立项"的做法，积极采取"先有项目再安排资金"的做法，把项目作为财政分配的前提。财政投资要更多采取竞争性分配的方式，把资金分配给更需要、更有效益的项目，发挥财政资金的使用效益。

财政投资要落实好减税降费政策。税收既是财政收入的来源，又是政府调节经济发展的政策工具。近年来，面对金融危机的影响和美国减税的压力，我国全面实施"营改增"政策，减轻企业负担。2018年全国人代会后，我国进一步对增值税进行改革。从当年5月1日起，降低增值税的税负，把制造业17%的税率调低至16%、交通运输业11%的税率调低至10%，同时，又出台了系列减费的政策，仅降低增值税税率这一项有助于减轻企业4000亿元的税收负担，增强制造业的竞争力，推动实体经济发展。2019年全国人代会以后，又进一步加大减税降费的力度，把制造业的增值税税率从16%降至13%，将交通运输业、建筑业等行业现行10%的税率降至9%，确保主要行业税负明显降低；同时，下调城镇职工基本养老保险单位缴费比例，各地可降至16%，全年减轻企业税收和社保缴费负担近2万亿元。各种减税减费的政策实质上也是财政投资的政策，相当于增加财政的投资。对国家出台关于企业的减税减负政策，各级地方政府和财政税务部门必须不折不扣地执行，确保落实到位，保障所有的企业都能享受到国家的税费政策，实现涵养税源和"放水养鱼"的效果。同时，要结合税制改革，进一步完善增值税，改革消费税，降低企业税负，增强企业活力和竞争力。

政府引导基金扶持经济发展大有作为

　　发展经济、培养财源，增加财政收入，以更好地为民生事业发展提供财力保障，这是财政工作的基础，也是政府的重要职责。尽管发展经济是市场行为，要发挥市场在资源配置中的决定性作用，但政府的重要作用是不可或缺的。作为世界上最大的发展中国家，无论是现在还是今后，发展仍然是我国政府的第一要务，是解决我国经济社会问题的根本保障。

　　国家为支持经济发展，每年都安排一定的财政资金，建立了不少财政专项资金，这对扶持经济发展、调整经济结构、转变经济发展方式确实起到了一定的作用，但也导致了财政资金的分散、管理的不规范，甚至出现企业多头申报、重复申报财政资金等问题。财政专项资金使用中的问题也是不可忽视的。而随着互联网经济、创意经济等新经济形式的发展，解决新经济发展融资问题的风险投资基金等各类风险投资蓬勃兴起，并取得了不俗的成效，受到市场的欢迎，不仅推动了新经济的发展，而且优化了经济结构，实现了生产者和投资者的"共赢"。为了把财政资金的使用和风险投资的管理模式结合起来，支持经济发展，实现国家的产业发展目标，政府引导基金应运而生。2015年，我国设立了国家新兴产业创业投资引导基金，将中央财政战略性新兴发展专项资金、中央基建投资资金等合并使用，形成总规模达400亿元的政府引导基金，重点支持创新型企业发展。

　　政府引导基金是由国家财政预算安排的，或者是将财政专项资金整合和财政结余资金清理归并而成的政府财政资金，采用基金管理模式运作，用于支持起步阶段的创新型企业、国家战略性新兴产业发展。政府引导基金不同于传统的财政专项资金，是市场化运作，采取贷款、参股等投资方式扶持经济发展。基金的投资不仅有偿，而且要盈利、滚动式发展，把经济的"蛋糕"做大的同时,基金也不断壮大、得到发展,实现"经济发展,财政增收,基金做大"。这是财政扶持经济发展方式的创新之处。

作为创新型的财政扶持经济发展方式,政府引导基金的建立不仅要有财政资金使用方式的转变,更要有财政发展理念、发展方式的转变。政府引导基金的运作,必将对我国经济发展产生积极影响,加快科技创新和科技成果的转化利用,推进我国经济结构的调整和经济发展方式的转变,为我国从制造业大国发展为制造业强国、加工型经济发展为创新型经济提供有力支撑。

一是有利于处理好政府与市场的关系。公共财政的基本特征是公共性,即为社会提供公共产品,满足社会公共需要。凡是市场能够作用的、市场作用得到的地方,财政都要主动退出,以发挥市场资源配置的决定性作用,不与民争利是财政资金使用的基本原则和基本要求。政府引导基金主要用于支持创业创新,用于支持处于起步阶段的创新型企业发展,以及国家鼓励并需要大力发展的节能环保、信息、生物医药、新能源、新材料、先进装备制造业等战略性新兴产业的发展,而创业创新的投资风险大、投资周期长,社会资本不想或不愿或没有能力投资。政府引导基金的介入能够为创业创新提供资金来源,弥补了市场资源配置的缺陷,也避免了财政专项资金普惠制的弊端,以及政府对市场资源配置的过度干预。

二是有利于财政优惠政策的清理。公平竞争是市场经济健康发展的前提和基础条件。对不同企业实行不同的政策优惠,虽然体现了政府的政策意图,但违背了市场发展的公平竞争要求。前些年,地方政府为了支持经济发展,做大 GDP "蛋糕",以吸引更多的外来投资,引进更多的投资项目和企业,竞相出台了各种地方政策用于招商引资,主要有各种涉及税收的政策优惠和财政资金的补助补贴政策。其中,各种财政资金的补助补贴政策,破坏了公平的竞争环境,使得不少地方引进的企业和项目并不能给地方带来更多的财源,此时财政只是"虚胖"成了"过路"财政,导致经济秩序的混乱和财经风险的加剧。而政府引导基金是在清理政府优惠政策、整合财政专项资金的基础上建立的,这有利于对财政优惠政策的清理,为地方经济发展创造更加公平的竞争环境,可以避免市场资源配置的扭曲。

三是有利于发挥财政资金的更大使用效益。财政资金不同于金融资金和民间资金，金融资金和民间资金主要以营利为目的，更愿意做"锦上添花"的事，实现资金增值和资本价值最大化，而财政资金更加注重政策性，主要起政策引导，发挥"四两拨千斤"的作用，更愿意做"雪中送炭"的事。一些投资周期长、见效慢的新兴产业和项目，由于风险把控的难度大，金融资本和民间资本不愿意投，而通过政府引导基金的牵头，发挥政府信用的作用，给市场更多的政策信号，不仅能够打消金融资本和民间资本的政策顾虑和风险顾虑，而且能够吸引更多的金融资本和民间资本投资新兴产业和创新型产业，以解决新兴产业和创新型产业发展过程中的融资问题，使财政资金的作用发挥得更好、产生更大的使用效益。

四是有利于经济结构的调整。早在2008年金融危机爆发以来，我国就及时提出"稳增长、调结构、促转型"的政策，加快了对经济结构的调整，并通过经济结构的调整转变经济发展方式，推进经济增长，实现从中国制造向中国创造转型，但是调整经济结构、转变经济发展方式需要投入，投资的风险大，不少企业或民营资本不愿投入或没有能力投入，这增加了经济结构调整的难度。而国家建立政府引导基金的目的就是转变经济发展方式，扶持国家需要鼓励、需要支持的行业和企业发展，重点用于支持高新技术企业、创业初期的新兴产业发展，这样通过政府引导基金的引导，把社会资本引向国民经济和社会发展的重点行业和重点企业，自然有利于推进经济结构的调整，实现资源更好更有效地利用。

五是有利于促进混合所有制经济发展。发展经济需要投入，投资是促进经济发展的"三驾马车"中的重要一环，而资本又是逐利的，流向能够实现资本增值的行业和领域。一方面，经过改革开放40多年的发展，我国积累了大量的民间资本，民间资本苦于没有稳定的投资渠道，从而大量流入房地产行业，这不仅不利于产业结构的优化，而且加剧经济的"泡沫"和投资的风险；另一方面，国家的基础产业和行业，长期处于国有经济的垄断经营，行业进入的门槛高，不利于行业的竞争发展。而通过政府引导基金的引导，发挥"四两拨千斤"的作用，不仅有利于引导民营资本的投资方向，为民营资本找到稳定的投资渠道，推进实体经济发展，而且有利于打破行业垄断，推进混合所有制经济发展，增强国有经济的活力和竞争力，实现国有经济和民营资本的有机结合。

基金投资和基金管理作为金融市场正常的业务，是现代金融市场不可或缺的组成部分，但政府引导基金作为政府支持经济发展新的政策举措，是政府的新工作、新业务，没有现成的模式和成熟的经验可借鉴，需要在实践中不断摸索。如何设立和运作政府引导基金，发挥好政府引导基金的作用，推进创业创新，实现经济结构调整和经济发展方式转变，是确保政府引导基金成功运作和健康发展的关键。

第一，政府引导基金必须来自财政专项资金的整合。既然是政府基金，其来源于政府财政这是无可非议的，但并不等于这就是简单的财政预算资金安排。在财政发展进入新常态以后，由于财政收入增长的有限性和财政支出的"刚性"，政府难以拿出更多的资金用于建立引导基金，因此政府引导基金来源除了财政预算安排外，更多来自财政支持经济发展的专项资金的整合，把原来分散的财政专项资金通过整合归并，集中起来形成政府引导基金，可以说，政府引导基金是对财政专项资金的继承和发展。因此，在建立政府引导基金的过程中，必然涉及部门利益的调整和财政专项资金使用方向的调整。各级财政部门必须摸清财政专项资金的家底，加快对其的清理和整合，使其逐步退出原有的使用范畴和使用方式，把分散的、不同用途的各类财政专项资金整合形成政府引导基金，推进经济发展和财源培养，增强经济实力。

第二，政府引导基金必须有专门的机构和专业的人才来使用管理。政府引导基金来源于财政资金，基金的使用管理更偏重金融资金的要求。政府引导基金的管理既属于财政业务范畴，又属于金融业务范畴。"专业的业务必须由专业的团队来运转，专业的业务必须由专业的人才管理。"使用管理好政府引导基金不是一般人能够胜任的，从事政府引导基金的管理人员必须懂投资、懂金融、懂财务。因此，要使用管理好政府引导基金，政府财政部门应该成立专门的机构并引进一些专业的人才，或者委托基金管理公司来运作，确保基金的使用方向和有效规避金融风险，使政府引导基金发挥应有的效果。

第三，政府引导基金必须实行市场化运作。政府引导基金不同于财政专项资金。财政专项资金属于无偿性的资金，用于支持经济发展，资金使用单位是免费使用的，不需要偿还的。而政府引导基金属于投资性基金，基金的使用不仅有偿，而且还要取得收益，使基金的规模不断扩大，基金的使用效果不断体现。因此，政府引导基金必须按市场化的要求运作，要在确保基金安全的前提下有偿使用，实现基金的保值、增值。基金的使用方式除了传统的用于间接融资的借贷之外，更多采用直接投资方式，用于创业投资，包括股权投资、期权投资、信托投资、租赁投资等，使经济发展的同时基金得到壮大。

第四，政府引导基金必须用于支持政府需要引导支持的行业和产业发展。政府引导基金既然是财政资金，是在财政专项资金的基础上建立起来的，其的使用就和财政专项资金一样，必须体现政府的政策意图，体现经济效益和社会效益的结合，重点用于支持政府需要发展的行业和产业，用于推动创业创新，用于培养主导财源和支柱财源，用于支持国家战略性新兴产业和高新技术企业的发展，用于风险投资与科技孵化器建设和为企业服务的公共服务平台建设，等等。企业申报项目和申请基金的投资是有条件和准入门槛的，一些重复建设的项目、低水平的加工项目、高能耗及高污染和低产出的项目是不能得到基金的投资和支持的。通过对政府引导基金的运作，经济发展方式得到转变，产业结构得到优化，逐步把企业做大做强，增强经济的竞争力和发展的后劲。

财政资金竞争分配体现了公平和效率的结合

公平分配资金是财政分配的本质，是财政分配的主旋律，但公平分配也要讲效率。为处理好公平与效率的关系，在财政资金分配过程中可以引入竞争机制，改变财政资金的使用方式，提高财政资金的使用效益，实现"少花钱，多办事"，广东省率先开始了这方面的探索。2008年7月，广东省财政拿出15亿元的资金，引入竞争机制，采取竞争性分配方式，由6个欠发达地级市展开竞争，实行"能者多得"，按绩效分配该资金。通过竞争，其中的3个市各获得5亿元资金，专项用于当地产业转移工业园的建设与发展。经过几年渐进式改革实践，广东省竞争性分配项目范围已从省产业转移扶持资金，拓展至科技、教育、水利、农业、社保、医疗卫生、旅游、交通运输等各领域，并从省级向市县扩展。

"一石激起千层浪。"广东省竞争性分配财政专项资金的做法，产生了积极的效应，受到不少地方的重视，一些地方也开始了这方面的尝试。山东省财政部门从2012年起到2015年，每年安排专项资金10亿元，采取竞争性分配方式，重点扶持300项以上具有自主知识产权的重大关键共性技术研发和产业化示范项目。湖北省决定从2013年起，试行省级财政部分专项资金竞争性分配政策。

从各地的实践看，竞争性分配财政资金的效果是明显的，对加强财政资金管理、提高使用单位的责任意识、提高资金的使用效益的作用是有目共睹、无可厚非的。

一是竞争性分配财政资金有利于改变单位和部门对财政资金的认识。财政资金不同于银行信贷资金，无偿性是财政资金的特点，这就容易使单位和部门产生依赖思想，总是想方设法向财政要资金，"不要白不要""不用白不用"的观念根深蒂固,多头申报项目、多头向财政争取资金时有发生。而竞争性分配财政资金在财政资金使用上引入竞争机制,要争取到资金必须要有项目,项目必须有较好的社会效益和经济效益,并且针对资金使用要有考核机制,使用不当还要有处罚机制,这有利于单位和部门改变观念、转变思路,正确使用财政资金,科学合理安排财政资金。

二是竞争性分配财政资金有利于提高财政资金的使用效益。竞争分配的财政资金与工程项目、工作业绩挂钩。争取到资金是有条件的,要有好的项目,要有相应的配套资金,要有可行的实施条件,资金争取的难度大、竞争激烈。这迫使单位和部门高度重视这些条件,否则,难以在竞争中取胜。同时,财政资金的使用有一套严格的考核机制,对资金的使用有规范和严格的要求,这有利于单位和部门增强责任意识,加强对财政资金的管理,提高资金的使用效益。

三是竞争性分配财政资金有利于加强对财政资金的绩效管理。长期以来,财政资金的使用一直比较重视过程,至于财政资金使用的效果如何,一直缺乏考核机制,这是财政工作的薄弱环节。近年来,财政部门开始推行对财政资金的绩效管理的改革,以确保财政资金的使用有好的效果,而竞争性分配财政资金对资金的使用前后都有严格的管理要求,事前要有绩效预算,事中要有绩效评估,事后要有绩效考核,把绩效管理贯穿于资金使用的全过程,这有利于加强对财政资金的绩效管理,确保财政资金的合理使用。

财政资金竞争分配作为一项改革创新,从各地的实践看,在财政部门的自由裁量权减少的同时,资金使用方案更加完整,资金绩效目标更加明确,资金分配上的公信力大大提高,这体现了公共财政公开透明、公平有效的要求。各级财政部门必须提高认识、积极创造条件,推进财政资金竞争分配改革,把财政资金真正用好、用到实处、用出成效。

一是财政资金竞争分配是财政资金分配的一种形式。公共财政的基本特征是提供公共产品,满足公共需要。财政资金主要用于均衡地区财力,满足城乡居民基本的公共服务需要,实现基本公共服务均等化。财政资金的使用以社会效益为主,要体现公平、公开、公正的原则,重点用于民生领域、经济欠发达地区、弱势群体。竞争性分配财政资金作为财政资金分配的一种新形式，可以不断实践、不断推广，但财政资金的性质决定了竞争使用财政资金只能是财政资金分配的尝试和补充，或者说是必要补充，以改变社会甚至部门、单位对财政资金的认识，打破财政资金分配上的平均主义，提高财政资金的使用效益。但竞争分配的财政资金只占一定量的份额，不能作为财政资金分配的主要形式。给财政资金竞争分配合理的定位，这是开展财政资金竞争性分配改革时必须把握的。

二是财政资金竞争分配主要适用于财政专项资金的分配。财政预算包括公共预算和专项预算，公共预算资金主要用于满足公共需要、保障国家安全、维护社会稳定和秩序、发展社会公共事业，属于"人吃马喂"性质，支出的刚性强，资金分配要体现财政资金分配公平原则，一般不适应竞争分配。而财政专项资金，主要用于社会管理、公共事业发展、社会保障、经济建设及政策补贴等具有指定用途的方面，包括教科文、农林水、经济建设、支持企业发展、社会保障、行政政法等方面在内的专项资金，资金类型繁多，涉及国民经济和社会事业发展的方方面面。对这些财政专项资金的分配可以采取竞争分配，把资金的使用和资金的绩效结合起来，把财政资金用在"刀刃"上，用在最需要的地方、用在最有效的方面，使有限的财政资金发挥更好的经济效益和社会效益。

三是财政资金竞争分配的实现要把效率和公平结合起来。公平和效率是经济学永恒的主题、永恒的矛盾，既对立又统一。从对立的方面看，市场经济是竞争经济，竞争的结果是"优胜劣汰，适者生存"，这有利于效率的提高，但不利于公平的实现；从统一的方面看，效率的提高也有利于公平的实现，市场效率提高的同时，创造更多的国民收入，通过国民收入的再分配，使政府有能力推进公平的实现。当然，过度追求公平，容易产生平均主义，导致效率的降低，不利于财富的创造。财政政策是政府调节公平与效率的关系，实现政府的政策目标、实现宏观调控的主要政策手段。财政通过资金分配和再分配，推动着公平和正义的实现，但是，财政资金分配本身也面临公平和效率的问题。由于区域经济社会发展的不平衡，经济发达地区和经济欠发达地区的经济发展水平、区域发展优势、市场竞争能力是不一样的，经济发达地区相对有比较优势。在财政资金的争取过程中，各地区竞争的条件是不一样的，竞争分配财政资金的使用要充分考虑到这一点，考虑到地区不平衡性，在竞争评价的指标设计上要有所体现，对经济欠发达地区有所倾斜，使经济欠发达地区也有机会争取到竞争性财政专项资金。

四是财政资金竞争分配管理要规范。既然是竞争分配财政资金，就必须做到公开、公平、公正，以体现市场经济的竞争原则，否则，财政资金竞争分配就会陷入"暗箱操作"，违背财政资金竞争分配改革的初衷。要做好财政资金的竞争分配，事前必须做好充分的准备，包括广泛的宣传，把竞争分配资金的类型、性质、要求告知社会，让竞争者事前有知情权；事中，竞争分配的游戏规则要公平，过程要保密，参与评审的专家要有代表性和权威性，以确保竞争分配的公正；事后，对竞争分配财政资金的使用结果要进行验收和评估，这种验收和评估一方面要体现项目本身的社会效益和经济效益，使项目的实施真正能为地方经济社会发展服务，体现项目本身的价值；另一方面要体现财政资金使用效益，要检验财政资金是否真正用在"刀刃"上，资金有没有流失或被截留、挪用。至少在这两方面验收和评估合格后，竞争分配财政资金的使用才是科学合理的，才是符合财政资金使用方向和要求的，竞争分配财政资金的效益才真正得到体现。

规范管理是防范地方政府债务风险的有效途径

随着我国经济的发展和城市化的推进，各级地方政府以土地为担保，通过各种地方政府的融资平台对外举债，地方政府的债务规模日益扩大。据国家审计署审计，到2010年底，全国31个省区市的地方债务总额为10.72万亿元。2012年底，36个城市负债达38 475.81亿元，比2010年增加4409.81亿元，增长12.94%。根据国务院的要求，从2013年8月1日起，审计署将组织全国审计机关对政府性债务进行审计。审计结果表明，截至2013年6月底，地方政府负有偿还责任的债务是10.89万亿元，负有担保责任的债务是2.67亿元，可能承担一定救助责任的债务是4.34亿元。2014年在新预算法实施之际，财政部又对全国地方政府债务进行了甄别，到2014年底，地方政府债务达到15.4万亿元。随着地方政府债务的规模越来越大、增长越来越快、风险越来越大，其日益成为社会关注的话题，可见加强债务风险管理的需求日益紧迫。

地方政府负债是不争的事实，在这种情况下，对地方政府的债务问题不再是能不能负债、要不要负债的问题，而是如何规范、如何管理的问题。通过对地方政府债务的审计和融资平台的清理，规范地方政府融资行为，加强地方政府债务管理，以避免风险，确保地方财政的安全和平稳运行问题。

第一，要提高对债务风险性的认识。推进工业化、城市化、现代化建设，最需要的是投资，最缺乏的是资金。如何抓住机遇，在短时间内筹集资金，加快经济社会事业发展，债务融资是政府不二的选择。经济社会发展的实践也证明，利用债务筹集资金，推进经济社会事业发展，是各国政府通行的做法，相当于把未来的资金提前使用，但是，债务资金不同于政府凭借政府权力取得的税收收入，是按照市场经济有借有还的信用原则取得的收入，是要依靠未来的税收来偿还的，未来税收是政府债务的后盾。可以说，债务是把"双刃剑"，用好了能够加快推进经济社会事业发展，而使用不当会给经济社会发展带来风险，甚至是危机，欧债危机就是教训。新预算法明确规定地方政府可以负债，并且负债的唯一形式是发行地方政府债务，但只有省级财政能够发行，发行规模由财政部统一规定，实行限额管理，其他的负债形式都是不允许或者是违规的，这为地方政府债务使用管理明确了方向，地方政府必须用好债务这一政策工具，推动地方经济社会发展。同时，各级地方政府必须提高对债务风险性的认识，在看到债务筹资功能的同时，更要看到债务偿还的负担和压力，做到"心知肚明"和"胸有成竹"，合理地利用好债务，发挥好债务的经济杠杆作用。

第二，要规范地方政府的债务融资行为。既然要负债融资，地方政府就要运筹帷幄，统筹规划，合理掌控。一方面必须明确债务的用途。既然债务收入不同于一般的财政收入，是需要偿还的，地方政府负债就要有明确的目的、明确的用途，主要用于道路交通、水利水电、港口码头等基础设施建设，以改善地方经济的发展环境，提升地方经济发展的软实力和竞争力，增强地方经济发展的后劲，重点用于有效益、有回报的项目，包括经济效益和社会效益，使地方政府未来偿还负债时有资金来源，要绝对避免负债用于"吃饭"，用于"人吃马喂"，使债务的偿还陷入困境。另一方面要降低债务的成本。地方债务融资必须考虑好成本问题，成本过低，市场不接受，政府难以筹集资金；成本过高，政府未来偿还的压力就大。由于融资主要面向金融市场，债务人通常是银行、企业和个人。而政府债务融资有政府做担保，负债的诚信好，被称为"黄金债券"，债务成本通常要低于市场融资的成本。因此，市场利率是政府融资主要的参考依据，地方政府要根据市场利率的波动情况，以尽可能低的价格融资，严格控制成本，把融资成本控制在合理的范围内。

第三，要统一债务管理。既然债务是要偿还的，对债务就必须要有长远的规划，既要合理，又要慎重；既要分头使用，又要归口管理。目前地方政府债务的主要问题是地方政府通过各类政府融资平台负债，多头举债、职责不清、把关不严，导致家底不清、管理无序，给债务的偿还埋下了隐患，同时加剧了未来的财政风险。各级地方政府必须对地方政府的债务进行清理，摸清政府债务的家底，掌握债务的类型和结构，以及未来偿债的压力，在此基础上，制订办法和出台管理举措，加强对地方政府的债务管理，规范地方政府的融资负债行为。无论如何，地方政府债务主要靠政府来偿还，财政资金是其后盾，地方政府的负债必须由地方财政统一管理，纳入地方政府债务预算，以规范债务的使用及未来的偿还。

第四，要控制债务的规模。既然地方政府负债是客观事实，想禁止地方政府负债难以做到，国家就应该允许地方政府合理负债，关键是要控制地方政府的债务规模，避免债务风险，只有这样，地方政府负债才能做到合理又合法。控制债务的规模是世界各国通行的做法，那么，到底债务规模控制在什么范围内是安全的，目前世界上还没有统一的标准。欧盟对成员国的规定是，财政赤字占GDP的比例不能超过3%，债务余额占GDP的比例控制在60%以内。欧盟的标准是个可供借鉴的尺度，债务规模必须和经济发展水平相适应，这是控制债务规模的基本要求。一般来说，经济发达的地区，经济发展水平高，负债能力、偿债能力强；而经济欠发达的地区，虽然发展的任务重，但负债能力和偿债能力相对要弱。地方政府必须严格执行国家对地方债务规模控制的有关要求，根据轻重缓急和经济社会发展的需要，合理负债，把债务控制在可控的范围内。

第二章　税制改革稳步推进

"营改增"后增值税改革的深化

1994 年，我国在进行分税制财政体制改革的同时进行了税制改革，建立了以增值税、营业税等流转税为主体的税收体系，尤其是以增值额为纳税依据的增值税的全面实施，基本理顺了国家和企业的财政分配关系，避免了重复征税，改善了企业生产经营环境，减轻了企业负担，推动了企业的科技进步，提高了企业的经济效益。但是，由于增值税和营业税的交叉，有些环节、有些行业进项税额不能抵扣，增值税的链条是不完整的，这影响了增值税的实施效果。为了解决增值税运行中存在的问题，我国从 2012 年 1 月 1 日率先在上海试点，启动了部分行业营业税改征增值税的改革，即"营改增"改革。从 2012 年 8 月 1 日起，"营改增"试点范围又扩大到北京、天津、江苏、浙江、安徽、福建、湖北、广东和厦门、深圳 10 个省市。2013 年 8 月 1 日，"营改增"已推广到全国试行。2014 年 1 月 1 日起，国家把铁路运输和邮政服务业纳入"营改增"试点，2014 年 6 月 1 日又把电信业纳入"营改增"试点。目前仅剩下金融保险业、房地产业、建筑业和生活类服务业还没有实施"营改增"，根据中央政治局通过的深化财税体制改革总体方案的路线图，2016 年 5 月 1 日起，我国全面实施"营改增"，营业税退出历史舞台，增值税的链条在生产、服务环节全面打通。

营业税和增值税是我国税制中的主要税种，"营改增"以后营业税退出我国税制的历史舞台，这对增值税的影响是显而易见的。一是影响增值税的地位，增值税的作用更加凸显。"营改增"以后，增值税的中性作用得到发挥，在我国税制中的地位更加凸显。1994 年，我国在普遍征收增值税的同时，针对部分行业征收营业税，增值税和营业税的并行征收，使增值税的只对增值额征税的中性原则没有得到充分发挥，"营改增"以后，增值税的覆盖范围进一步扩大到所有的商品和劳务，真正发挥其作为中性税种的普遍调节功能。"营改增"全面完成后，将彻底解决不同商品和劳务分别征收增值税和营业税造成的流转税征税重复、税负不公等问题，极大挣脱了原有税制对产业升级和结构优化的束缚。二是影响增值税的分成，增值税的分成亟须调整。我国的税制从税收收入的归属划分，分为中央税、地方税、中央和地方共享税，营业税属于地方税，收入归地方财政，而增值税属于共享税，中央和地方的共享比例是75：25，即收入的75%归中央财政，25%归地方财政。"营改增"把属于地方税的营业税改为属于共享税的增值税，这一方面减少了地方税收入。营业税是我国的第三大税种，是地方税的第一大税种，占我国税收收入的比重达15%，占地方税收收入的比重达30%。"营改增"以后，取消营业税改为增值税，尽管增值税是共享税，在过渡时期实行中央、地方的五五分成，但和营业税相比，必然影响地方的税收收入。另一方面增加中央税收收入。"营改增"虽然没有增加中央税，但增加了共享税增值税的征收范围，使增值税出现了全覆盖、"一税独大"的局面，中央税收收入占全部税收收入的比重将进一步提高。为了确保中央和地方财政收入的稳定，增值税在中央和地方之间的分成比例必将做适当的调整。三是影响增值税的征管，增值税的征管有待加强。税制改革以后，为了确保中央税的征收，我国分别成立了国家税务局和地方税务局，国家税务局主要征收中央税和中央地方共享税，增值税归国家税务局征收和管理；地方税务局主要负责地方税及政府性基金和行政事业性收费的收缴，营业税归地方税务局征收和管理。"营改增"以后，税收的所有权发生了变化，管辖权也发生了变化，国家税务局的税收征收管理权限进一步扩大，工作量进一步增加，这对国家税务局的管理提出要求。相反，地方税务局的工作量减轻了，管理权限减少了。

适应"营改增"的需要，为确保"营改增"以后我国税制健康、平稳运行，要发挥好增值税的作用，必须加快增值税改革，加强增值税征管。

第一，改革增值税税制。为了使"营改增"后纳税主体不会因为税率的改变而增加税负，我国设定了较低的增值税率，新增了6%和11%两档税率，加上原来的13%和17%的税率，使得增值税的税率档次过多，与中性税收的税制设计初衷有冲突，既增加了税制复杂性，导致征管效率降低，又不符合简易征收的税法原则。适应"营改增"以后税制变化的需要，以及避免增值税"一税独大"的局面，应从适当减税的角度，调整增值税税率，给予适当的调低和归并，取消11%和17%两档税率，保留6%和13%两档税率，从而简化增值税税制，并给企业适当减税。

第二，合理调整增值税收入中央和地方的分成比例。"营改增"直接的结果是减少了地方财政收入，因为营业税是地方收入的主体税种。要确保地方政府职能实现有财力保障，重新调整共享收入增值税的分成比例是不二的选择。国家必须结合"营改增"以后地方财政收入减少的情况和中央财政收入增加的情况进行全面的测算，在此基础上，根据中央和地方政府各自承担职能的财力保障程度，提高增值税地方收入分成比例，将目前中央和地方过渡时期的五五分成比例加以调整，以确保地方财力的可持续性。

第三，加强增值税征管。"营改增"尽管只是税制改革，是将地方税的营业税改为共享税的增值税，但由于目前我国营业税和增值税分属于国家税务机构和地方税务机构两个征收机构分别征收管理，必然涉及征管的改革。"营改增"要取得成功，保持税制稳定健康发展，征管改革是重要的环节，是"营改增"改革成功的有力保障。全面"营改增"以后，为满足适应放管服改革的要求，国家税务局和地方税务局进行了合并，降低了税收成本，方便了纳税人。税务机构合并以后，为适应"营改增"的需要，要加强对增值税的征管力量，提高增值税的管理水平，把增值税的链条真正打通，既要发挥好增值税避免重复征税的优势，减轻企业的负担，又要加强对增值税的管理，夯实政府财政基础，确保财政收入的稳定。

第四，加快增值税的立法。增值税作为我国最大的税种，是政府财政收入的主要来源，但我国的增值税仍然采用的是《中华人民共和国增值税暂行条例》，立法的层次低，和增值税的地位是不相符的，不适应增值税改革和管理的需要。完善我国税制改革的重要方面是要加强税收立法。目前，我国仅针对个人所得税、企业所得税、环境保护税等少量的税种制定了税法，因此必须加快增值税立法，出台增值税法，提高对增值税的管理水平。

"三步走"是消费税改革的选择

消费税是在增值税征收的基础上，对特定行为征收的一种税，主要用于调节消费。我国消费税自开征以来，对增加政府财政收入，调节社会消费，摆脱资源要素的制约，推进经济节约型、社会友好型的"两型社会"建设起到了积极有效的推动作用。但由于消费税征收范围过窄，消费税的功能作用发挥得并不充分。党的十八届三中全会通过的《中共中央关于全面深化改革若干重大问题的决定》（后简称《决定》）提出的深化财税体制改革，明确要"调整消费税的征收范围、环节、税率，把高消耗、高污染产品及部分高档消费品纳入征收范围"，为消费税的改革指明了方向。

税制改革牵一发而动全身，既涉及生产、消费等各个环节，又涉及国家、企业和居民之间的分配关系，还涉及中央和地方之间的财力分配关系。消费税改革依然必须考虑到各个环节和各方的利益关系，充分酝酿，稳步推进，以避免匆忙上马，给经济社会发展造成冲击。按照《决定》明确的财税改革要求，结合当前经济社会发展和税收调节作用的发挥，以及中央和地方财力分配的需要，消费税改革必须和分税制财政体制改革同步推进，"三步走"是消费税改革的有效实现形式。

第一步：扩大消费税的征收范围，发挥好消费税的调节功能。

税收作为财政收入的主要来源，在社会主义市场经济的条件下，除了筹集财政资金的筹资功能之外，还要发挥调控功能，调整经济结构和调节收入分配关系，以矫正负外部性，推动市场经济持续、健康、稳定发展。消费税作为对特定行为征收的税种，更多体现了政府的政策导向和调控功能的发挥。我国现行消费税是1994年税制改革中新设的一种税种，是在对货物普遍征收增值税的基础上，选择少数消费品再征收一道消费税，目的是调节产品结构，引导消费方向，保证国家财政收入。国家把一些过度消费会对人类健康、社会秩序、生态环境等方面造成危害的特殊消费品，如烟、酒、鞭炮、焰火等；奢侈品、非生活必需品，如贵重首饰、化妆品等；高能耗及高档消费品，如小轿车、摩托车等纳入消费税的征收范围。2006年3月，我国又对消费税的税目、税率进行调整，新增了高尔夫球及球具、高档手表、游艇、木制一次性筷子、实木地板等税目，取消了"护肤护发品"税目，并对部分税目的税率进行了调整。但是，我国消费税征收范围总体偏窄、税率偏低、缺乏弹性，消费税的征收和居民收入增长、居民收入分配结构不相适应，也和我国环境保护的需求不相适应。

根据我国调节消费和保护环境的需要，必须发挥好消费税的政策功能。一方面要扩大消费税的征收范围，扩大消费税的调节范围。要加大对高消费的调节力度，对还没有纳入消费税征收范围的高档奢侈品，如高档服装、高档家具、高档装饰品、私人飞机等；高档娱乐，如高档餐饮、高档夜总会等要开征消费税。同时，对那些使用对环境有害的产品，如有害农药、化肥、电池、塑料制品等，对环境资源如水资源、森林资源等有破坏的产品也要征收消费税。另一方面要调整消费税的税率，发挥消费税调节的政策功能。对那些直接伤害人体健康、污染大气的消费品，如香烟、烟花、鞭炮等消费品，要提高消费税的税率；对那些不可再生的消费品，如石油、汽油、柴油等消费品，也要提高税率。而对那些有利于改善居民生活且不破坏环境的消费品，如再生汽车轮胎、化妆品等，应降低税率；对那些以前是高档消费品，而随着居民收入水平的提高，成为一般消费品和生活必需品的小汽车、摩托车等，也应降低税率。

第二步：调整消费税的归属，完善地方税体系。

我国征收消费税并将其作为中央财政收入是从1994年推行分税制财政体制开始的。当时为了规范中央和地方的财政收入分配关系，提高财政收入占GDP的比重和中央财政收入占财政总收入的比重（即"两个比重"），我国建立了以消费税、关税等为中央财政收入，以营业税、所得税等为地方财政收入，以增值税等为中央和地方共享收入的收入分配体系。随着2002年、2003年的所得税分享体制改革的实施，把属于地方收入的所得税改为中央和地方共享税，中央和地方的分成从2002年五五分成调整为2003年以后的六四分成；从2012年1月1日起在上海试点的交通运输业和部分现代服务业开展营业税改征增值税，即"营改增"试点，从2013年8月1日起试点范围推广到全国，2016年5月1日起全面"营改增"。这样，地方税主体税种所得税、营业税因所得税分享改革和"营改增"以后变成了共享税，地方税就没有了主体税种，地方税收入在税收收入中占的比例越来越少。而随着公共财政向农村覆盖、向民生领域倾斜，事权逐步向地方下放，其直接结果是地方财政困难。解决问题的关键是要培养地方财源，尤其是地方财源的主体税种，使地方的事权与财力相适应。

培养地方主体财源，完善地方税体系，增加地方财力，有一种比较受关注的思路是开征房地产税和改革资源税，在东部地区形成以房地产税为主体、西部地区形成以资源税为主体的地方税体系。这种改革思路理论上是可行的，但仔细分析后便知难度非常大，实施起来困难重重，并不像想象的那么美好、那么可行。从房地产税分析，我国从2011年1月起开始在上海、重庆开始了房地产税改革的试点，从两个市的实际执行情况看，征收的房地产税非常有限，仅靠有限的房地产税收入来解决地方财力问题只能说是杯水车薪。要增加财政收入必须全面征收房地产税，考虑到我国居民的收入水平和纳税意识，全面开征房地产税的难度大，更何况我国地方政府通过土地出让金的形式，已把未来几十年的地租收取，再全面征收房地产税会遇到很大的阻力。从资源税的情况看，我国从2010年6月起在新疆便开始了原油、天然气资源税改革的试点，改革资源税的征税办法，实行从价计征，2011年11月，资源税改革在全国全面推开，取得了明显的效果，但考虑到资源的不可再生性，以及资源分布的地区不平衡性，即使资源税征收再扩大到煤炭、有色金属等资源，西部地区靠资源税来弥补财力的不足也是有困难的。而把消费税从中央税变为地方税，问题便迎刃而解，这可以在一定程度上弥补"营改增"以后地方收入的缺口。因此，我国应结合税制改革，在扩大消费税征收范围的同时，调整消费税的归属，使其从中央税改为地方税，并逐步培养其成为地方税的主体税种，弥补地方财力的不足，以推进分税制财政体制改革的深化。

第三步：改革消费税的征收环节，避免消费税的逆向调节。

改革消费税，扩大征收范围，并把消费税从中央税变为地方税，虽然有利于地方主体税源的培养，优化地方税体系，更有利于"营改增"以后分税制财政体制的运用，但是，我国的消费税是在流转环节征收的间接税，属于价内税。价内税不同于价外税，税收是价格的组成部分，税收负担可以通过价格转嫁，最终的负担者是消费者，这不仅对生态环境保护难以起到有效的调节效果，而且会导致消费税的逆调节，导致产业结构的扭曲和资源配置的浪费。我国在1994年的税制改革以前，于1984年开始工商税制改革，对烟、酒等产品是全额征收产品税的，且税率高，目的是限制这些行业的发展，而实际的结果是在财政包干体制下地方政府为了增加财力，税率越高发展的积极性越高，使得各地小烟厂、小酒厂、小纱厂、小毛纺厂和小炼油厂等"五小企业"遍地开花，竞相发展。最终导致出现重复建设、盲目建设和产业的雷同、产品的雷同，资源大量浪费，产品税是导致税收逆向调节的典型，教训不可谓不深刻的。

1994年的税制改革，国家把产品税改为增值税、消费税，并把消费税作为中央税，才使产业结构、产品结构雷同的弊端得到有效的缓解。消费税属于中央税，和地方政府在利益上没有根本性的瓜葛，其本身限制了地方政府的投资冲动，而一旦消费税改为地方税，地方政府就有这方面的冲动，因为消费税税率高，征收消费税的行业不少是高利润行业。因此，要避免消费税的逆调节，必须改变消费税征税环节，从生产环节征收改为从消费环节征收，从价内税改为价外税，从间接税变为直接税，这样可以避免消费税因税源地方分布不平衡引起的逆向调节而导致的重复建设、盲目建设，从而避免产业结构雷同和资源配置浪费的产生。与此同时，改革消费税的征收环节也有利于调节我国的税制结构，提高我国直接税的比例，使更多的税收负担由企业向个人转移，以提高国民的纳税意识。

当然，消费税"三步走"改革不是孤立、割裂的，而是互相联系、互相推进的有机整体。消费税改革分步实施，第一步扩大征收范围，能够发挥消费税的调节作用，凸显消费税的调节功能和经济杠杆作用的发挥；第二步调整消费税的归属，由中央税改为地方税，弥补了"营改增"以后地方财力的缺口，有利于巩固分税制改革成果，确保分税制改革方向。第三步改革消费税征收环节，从生产环节改为消费环节，能够避免消费税由中央税变为地方税以后出现的逆向调节，避免产业雷同和重复建设给资源配置造成的危害。由此可见，消费税改革分"三步走"，稳步推进，有利于税制改革和财政体制改革的齐头并进，推进财税体制改革的深化。

找准房地产税改革的着力点

　　征收房地产税是房地产市场可持续发展的前提，也是世界各国的普遍做法。党的十八届三中全会提出要全面深化财税体制改革，建立现代财政制度，并明确要求"加快房地产税立法并适时推进改革"，同时确立了改革的路线图和时间表。最近，中共中央、国务院发布的《关于新时代加快完善社会主义市场经济体制的意见》中提出要"稳妥推进房地产税立法"。房地产税改革又引起了社会的关注，成为财税改革的热点。

　　完善地方税体系、征收房地产税，无论是理论界还是实务部门，已经有多年的探索，已进行了长时间的理论和政策制度的准备，但政策迟迟未能出台，这也从另一个角度说明房地产税改革的难度。那么房地产税改革难在何处，如何找到问题的症结所在，这是房地产税改革克难攻坚的着力点，对房地产税改革意义非凡。

　　难度之一，房地产税是增税，涉及国家和个人利益分配的重新调整。党的十八大以来，面对国内外经济环境的变化和我国经济发展进入新常态，党的十八届三中全会提出了全面深化财税体制改革。这一轮税制改革的特点是结构性减税，是积极财政政策的重要组成部分，目标是通过税制改革和国民收入分配结构的调整，给企业减轻负担，推动经济高质量增长。"营改增"是减税，调低增值税税率更是有效的减税举措，以降低企业成本，增强竞争力；个税改革是减税，提高扣税标准和增加税前扣除，给个人尤其是工薪阶层减税，以刺激消费，扩大内需；等等。而与增值税、个人所得税改革不同的是，房地产税改革是增税，因为我国目前居民个人的房地产除了生产环节之外，在保有环节是不征税的，而开征房地产税就是要对处于居民个人保有环节的房地产征税，是对个人的增加税收，和减税相比难度是显然的，这是不以人的意志为转移的，是客观存在的。

难度之二，房地产税的征税对象是个人，利益调节更直接。税收的纳税对象包括企业和居民个人，增值税、消费税的征税对象是企业，虽然和个人有关系，但这种关系是间接的，而房地产税的征税对象是个人。和企业相比向个人征税，和个人利益关系密切，直接涉及财富的重新分配，客观上征收的难度大。但凡政府出台与个人有关的税收，必须慎之又慎，要充分考虑个人的承受能力和社会接受程度，房地产税征收的难度大且征收成本高。如我国对个人征收的个人所得税，从1980年开征以来起征点不断提高，目的是给更多人减税，减轻工薪阶层尤其是低收入人群的负担。农业税是对农民个人征收的，涉及千家万户，征税成本高，农村税费改革以后为了减轻农民负担，国家于2005年取消了农业税，农业税退出历史舞台。涉及个人负担的税收，即以个人为征税对象的税收，若政策出台过急，没有考虑社会的承受能力，必然会受到社会的反对，反而影响税收的严肃性，甚至导致社会动荡，这是政府开征房地产税需要反复考虑的，这也增加了房地产税出台和征收的难度。

难度之三，对政府以土地出让金的形式把土地使用权转让的房地产的税的征收，也给房地产税的出台增加了难度。我国目前虽然没有对个人住房征收房地产税，但我国居民个人住房的价格包含了土地出让金，其几乎是房价的一半。因为我国的土地是公有制，土地归国家所有，国家在土地出让的时候，就以土地出让金的形式把未来70年的租金收回，类似于房地产税，即我国虽没有征收房地产税之名却有征收房地产税之实，我国的房价高除了城市化导致的供需矛盾之外，与土地出让金不是没有关系的，高房价地区往往是地方政府的土地出让收入高的地区。因此，对居民个人处于保有环节的住房征收房地产税似乎有重复征税之嫌，开征房地产税难度大也是自然的。那么，国家停收土地出让金以开征房地产税，显然在目前地方财政困难、地方政府严重依赖土地出让金的前提下也是不现实的，可见房地产税的征税处于两难之中。

难度之四，经济发展的外部环境不利于房地产税的征收。俗话说，机不可失，时不再来。改革有个时机问题，但凡改革的时机好，改革成功的概率就高，同时改革的成本可能更低；反之，改革的成本可能更高，难度更大。随着我国经济发展进入新常态，稳中求进是改革的要求，供给侧结构性改革的一项重要内容是给企业减负，可见减税免税是大方向。在这种前提下，开征房地产税，尽管征税对象是个人，不是企业，但难度是一样的，甚至有过之而无不及。因此，政府一般不会出台不利于刺激消费，不利于促进经济增长的政策，房地产税不会盲目出台，继续等待时机是必然的。

难度之五，我国居民房地产的特殊性，也不利于房地产税的征收。尽管征收房地产税是世界各国的普遍做法，无论是发达国家还是发展中国家，但各国的房地产形式是不一样的，房地产税的征收情况也是不同的。国外居民的房地产基本上是独立的，而我国居民的房地产以公寓为主，几户、几十户住在一个单元里，每户一套，从严格意义上说，我国居民只有房产，没有地产，这也是我国开征房地产税的不同，也是征收房地产税的难点，甚至是特殊性。

征收房地产税不仅是政府调节房地产市场的有效之举，也是世界各国的通行做法，发达国家是这样，发展中国家也不例外。党的十八届三中全会提出要完善税收制度，加快房地产税立法并适时推进改革。如何确保房地产税改革顺利推出，又避免社会过度的反应，让居民平和接受，这是对房地产税改革的挑战，同时考验着政府的执政能力。房地产税改革必须按照习近平总书记提出的"房子是用来住的，不是用来炒的"思路来设计。

第一，房地产税是全面征收还是部分征收？房地产税到底向谁征收，这是房地产税改革首先要考虑的。全面征收，对所有的房地产全面征税，既简单，又体现公平，但显然不现实，也不可能。那只有向特定对象征收，以发挥税收的调节功能。向谁征收，最可行的，一是向拥有多套房者征税。"房子是用来住的，不是用来炒的"指的就是多套房，一套房肯定是用来住的，那几套房算多套房这是有争议的，有人说二套以上，有人说三套以上。从我国国情和居民住宅现状看，三套以上比较符合国情和居民家庭实际，因为一般家庭除了一套居住的房产之外，还有为子女准备的一套住房，第三套住房一般不是住的，是用来投资或炒的。对第三套及以上房产征收房地产税比较符合实际，容易为居民家庭接受。二是针对高档房征税。高档房主要是高档别墅、排屋或大面积的高档住房。拥有高档房的住户一定是高收入家庭。对拥有高档住房尤其是两套以上的征收房地产税，有利于发挥税收的调节功能。三是针对闲置房征税。房子的基本功能是居住，自己住或出租，房子居住的功能都能发挥，但如果买了房子都闲置在那里，房子的居住功能没有发挥，又造成资源的浪费。对闲置不住的房子不管是第几套都应该征收房地产税，以使房地产的功能更好地发挥。

第二，房地产税是原价征收还是评估价征收？房地产税征收是按原价征收还是按市场价征收，两种征收方式各有利弊、各有千秋。按原价征收操作方便，但不公平，因为随着我国城市化的推进，以及货币的大量发行，住房制度改革以来，我国的房价是一路往上攀升的。21世纪以来，房价涨1倍、2倍，甚至几倍是普遍现象，同样的房子因购买时间的先后价格差距很大，按原价征收显然是不公平的，房地产的价格和价值是严重背离的。按市场价征收，要对房屋的价格进行评估，征收的成本更高，难度也要大些，但更公平，社会更容易接受。因此，房地产税以市场价征收更合理，可使房地产税的调节作用发挥得更好。

第三，房地产税是中央税还是地方税？虽然我国还没有对居民征收房地产税，但我国对企业和行政事业单位的房产和房屋出租已经征收房地产税，在分税制改革中其属于地方税，收入归地方所有。目前，我国税制改革中的突出问题是地方税主体税种缺失，归地方的收入减少，地方财政尤其是基层财政困难。2014年，分税制财政体制改革把所得税和营业税划分为地方税，是地方税的主体税种；2002年的所得税分享改革把所得税改为共享税，中央和地方五五分成，2003年改为六四分成，中央的60%，地方的40%，所得税从地方税成为共享税。从2012年底我国开始"营改增"试点，到2016年5月1日起全面实行"营改增"，营业税退出历史舞台，全面改为增值税。增值税中央和地方的分成由75：25改为50：50，地方税中的营业税又没有了。如今，我国税制中最大的问题是地方税主体税种缺失，影响了分税制财政体制改革的深化。对居民持有住房开征房地产税，除了具有调节房价、增加财政收入的功能之外，还有一个重要功能是希望通过开征房地产税增加地方财政收入，因此，从我国目前的税制结构及为满足分税制财政体制改革的需要来看，房地产税应该属于地方税，而不是中央税或中央地方共享税。

第四，房地产税是针对增量房征收还是针对增量存量全部征收？征收房地产税，难度大又不得不开征，为确保房地产税的出台和改革的顺利，有两种征收模式可供参考：第一种是以某个时点为界，对其以前的房子免征，只对以后新增的房子征收，即所说的保既得利益。这种改革通行的做法，有利于政策的顺利出台和改革的平稳过渡，如中央和地方财政体制的调整基本上是以上年的收入为基数，目的是保证政策的平稳。第二种办法是全面征收，以体现公平和政策的统一性。两种征收办法各有利弊，作为过渡，可以先对增量房征收，存量房暂时免征，给城乡居民一个适应期和过渡期。等政策出台几年后，政策效应显现了，社会也普遍接受房地产税后再全面征收。这样，房地产税的实行更容易为社会接受，政策执行的阻力少，也有利于发挥房地产税对房地产市场的调节作用。

第五，房地产税是统一税率征收还是税率有所差别征收？和美国联邦制不同，美国各州的税种和税率都有所不同，但我国的税权是高度集中的，税种的开征和停征，完全由中央决定，房地产税的开征也不例外，应该由全国人大立法，中央决定征收。房地产税出台的话，全国应该是统一的，但由于我国经济发展水平和城市化水平的差异，房地产税征收的必要性和紧迫性在各地区之间是完全不一样的。对房地产税应该在统一的前提下，中央适当下放一定的税权，如制定税率的上下限，即明确最高税率和最低税率，在一定的范围内税率由地方政府制定。对房地产价格高、市场投资过度、价格背离价值的地区，允许房地产税的税率向上限征收；对房地产价格低迷、市场投资不活跃的地区，可选择适当的税率征收，以体现税收调节的灵活性。

第六，房地产税是先试点征收还是全面开征？尽管房地产税还没有出台，但上海和重庆在前几年就开始了房地产税改革的试点，上海对第二套住房超面积部分征税，重庆主要是对高档住房征税。未来出台的房地产税是先试点还是全面征收？先试点征收的好处是有利于积累经验，可以通过试点不断完善制度，以利于房地产税的全面征收，我国的"营改增"、资源税改革都是先试点再推广的。统一征收更多体现政策的统一性和公平性，更有利于发挥房地产税的调节作用。显然，我国房地产税已有上海和重庆的试点，成功也好，不成功也好，国家已积累了经验，对今后出台房地产税，用不着再试点，完全可以全面征收，以体现税收的统一性和严肃性。

第七，房地产税是今年征收还是今后征收？按照党的十八届三中全会提出全面深化改革的时间表和路线图，房地产税有可能要出台，但由于受突如其来的新冠肺炎疫情的影响，为了经济发展，当前复工复产和减税降费形势是主流，房地产税出台完全有可能要推迟，等疫情过了、经济发展正常了再出台更合适。同时，考虑到房地产税的特殊性，房地产税即使出台了也不等于马上征收。房地产税出台后，留一段时间的过渡期，给市场和社会有个接受的过程，这更有利于房地产税的开征。因此，先出台政策，合适的时候再开征是房地产税改革不错的选择。

个税变为"工薪税"并非改革的初衷和目标

我国于2011年9月实施的新个人所得税法，将个人所得税（文中简称"个税"）中工资、薪金的起征点即免征额从2000元提高到3500元，这可以使个税的纳税人从8400万人减少到2400万人，有6000万人可以免交个税，普通工薪阶层特别是中低收入者受益最大。国家修改个人所得税法目的也是通过实施结构性减税政策，调整国民收入分配结构，减轻工薪阶层的税收负担并从中受益，以刺激内需，扩大社会消费。但从3年来的实施情况看，2012年个税总收入达5820亿元，而工薪所得税为3577亿元，占比超过60%，2013年工薪所得税占个税的比重仍然超过6成。

作为我国调节收入分配的税种，国家开征个税除了筹集财政资金，满足社会公共需要之外，更重要的是调节社会财富分配，缩小居民收入差距，缓解社会财富分配的不公。在发达国家一般把个税比作"富人税"，征收对象主要是富人，收入越高纳税越多，收入越少纳税越少，甚至不纳税。我国经济社会发展的同时也面临财富分配不公、收入差距越来越大的难题，衡量居民收入差距的基尼系数多年来高于0.4。如何缓解收入差距？核心思路是"限高、扩中、抬低"，即限制高收入群体的收入，扩大中等收入群体的收入，提高低收入阶层的收入。党的十七届五中全会明确提出要着力保障和改善民生，合理调整收入分配关系，努力提高居民收入在国民收入分配中和劳动报酬在初次分配中的比重，即提高"两个比重"。党的十八大进一步明确，到2020年要实现城乡居民人均收入比2010年翻一番的目标，即居民收入倍增计划。调整国民收入分配结构，增加居民尤其是低收入居民收入的任务艰巨，如何发挥个税作为调节居民收入分配结构有效手段的作用还有待深入研究，而个税变为"工薪税"显然和我国预期个税作用的发挥是不一致的，也和个税改革初衷及征收目标是不一致的，甚至是相违背的。

个税之所以成为"工薪税"，和目前我国个税采用的征管模式是分不开的。目前我国个税采用分类征收的办法，收入被分为工薪所得、稿酬所得、劳务所得、财产租赁所得、股息红利所得和财产转让所得等种类。工薪所得由单位代扣代缴，相较其他收入征收率较高，逃税可能性低；而很多高收入人员不依靠工薪所得，往往能逃脱个税的征管，这是个税变为"工薪税"的主要原因，也是个税调节作用不到位或作用不充分的主要原因，更是深化个税改革的主要原因。党的十八届三中全会提出的逐步建立综合与分类相结合的个人所得税制，明确了我国个人所得税改革的方向。按照建立综合与分类相结合的个人所得税制改革要求，我国2018年8月31日出台新的个人所得税法，对个人所得税进行了改革，把个税的税前扣除标准从3500元提高到5000元，并明确子女教育、继续教育、大病医疗、住房贷款利息或者住房租金、赡养老人等6项专项附加扣除的标准，同时把工资、薪金所得、劳务报酬所得、稿酬所得、特许权使用费所得纳入综合所得征税，个人所得税改革进一步完善。

为了更好落实新的综合与分类相结合的个人所得税制，在发挥好个税筹集财政资金功能的同时，更要注重发挥好个税在调节居民收入分配结构中的作用，以缓解社会财富分配的不公，增加居民收入占国民收入的比重，使居民收入的增长和国民收入的增长同步或超过国民收入的增长，使更多的改革"红利"惠及城乡居民。

第一，建立个税起征点或免征额的自动调节机制，发挥税收"稳定器"的作用。我国的个人所得税法是在1980年9月10日第五届全国人民代表大会第三次会议通过的，从1980年开始恢复征收个税。1983—2018年，国家先后6次对个人所得税法进行修订，起征点或免征额几经调整，从1983年的800元调高到2006年的1600元，2008年又提高到2000元，2011年再次提高到3500元，2018年提高到5000元。尽管这是经济社会发展的需要，是适应经济社会发展和居民收入增长的需要，但个人所得税法频繁调整，既增加了立法成本，也影响了税法的严肃性，给税法的执行带来麻烦。考虑到经济发展和居民收入不断增长的发展趋势，以及通胀因素，个税起征点或免征额的调整是必需的或者是经常发生的，而频繁修改税法又是不合时宜的，国家应该把个税起征点或免征额和经济增长、居民收入增长水平、物价水平等因素挂钩，建立稳定的增长机制，随经济增长、居民收入增长和物价指数的上涨而进行相应调整，并写入个人所得税法的条文中。国家税务部门只要根据税法的要求，定期对个税起征点或免征额做相应的调整，这就在相当程度避免或降低个税变为"工薪税"的可能，也节约了税收立法成本，使个人所得税法得到更加有效的执行，也使个税的调节功能自动得到发挥，税收作为调节居民收入分配结构"稳定器"的作用得以实现。

第二，实施综合与分类相结合的个税制度，减轻低收入者的税收负担。依法纳税是每个公民应尽的义务，税收有强制性的特点，而给低收入者的个税优惠又体现了税收杠杆调节的灵活性。给低收入者低税甚至免税是税制的特点，是各国通行的做法。目前，虽然我国居民收入水平已有很大的提高，但我国人均收入水平还处于世界中等水平，低收入者的收入水平更低，而我国的居民生活负担、生活成本并不低，在不少一、二线城市的住房价格已超过发达国家的水平，大大超过普通居民的承受能力。如果加上通胀因素，以及低收入者的医疗、子女教育、养老等支出，低收入者的负担不轻。而改革分类征收的个税制度，建立综合与分类相结合的税收制度，将个人所有的收入项目在加总求和的基础上一并计税，就可以比较好地兼顾纳税人的综合收入水平和家庭负担等情况，有利于减轻低收入者的个税负担。

第三，提高高收入者的个税负担，实现收入的公平分配。加强对高收入者的个税征管。高收入者是个税的纳税主体，是个税收入的主要来源。随着我国经济的发展、分配的多元化，收入差距开始拉开。随着大中型企业的高管，金融证券、煤炭电力、石油石化等垄断行业的从业人员，个体户，私营企业主，社会中介组织的经营管理者等高收入阶层的队伍不断扩大，国家税务总局早在2006年就下发了《个人所得税自行纳税申报办法》，要求年收入超过12万元的高收入者须向税务部门自行申报纳税。但是，个税一直是我国税收管理的薄弱环节，尤其是高收入者的自行纳税申报比例还不高，个税收入的增长和高收入者的收入增长极为不符，个税管理漏洞多，税收流失严重。高收入者个税的流失，加剧了社会分配的不公，影响了社会的和谐和稳定。个税的改革必须和个税的调节功能相适应，加大对高收入者的调控。一是适当提高高收入者的个税负担。这主要是拉开个税累进税率的差距，适当提高高收入个税的累进税率，收入越高税收负担相应越重，发挥个税自动调节收入分配的作用。同时，要加强对高收入者的个税管理，建立高收入者严格个税申报制度和单位的代扣代缴制度，加大对偷逃个税者的处罚力度，维护税法的严肃性。二是严格对财产类收入的个税管理。造成居民收入差距不断扩大、社会分配不公的因素，除了工资收入之外，更主要的是居民的财产性收入的差距，这一差距主要来自房地产、股权等投资和投资获得的财产性收入，这是造成收入差距急剧扩大的症结所在。我国的个税对居民个人投资和投机所获得的财产性收入几乎没有征收个税，这是个税制度和管理上的漏洞。个税的改革必须把居民的财产性收入纳入征收的范畴，扩大个税的调节范围。其间重点加强对房屋转让、限售股转让和股权转让等财产性所得和盈余积累转增股本、分红派息等资本性所得的税收征管，对居民投资房地产除了缴纳房地产税之外，取得的纯收入还必须按适当的税率缴纳个税。居民通过对上市公司的股权转让所获得的收入及其他有关的财产性转让取得的收入都应缴纳个税，使个税的调节功能得到更好的发挥。

环保压力倒逼环境保护"费改税"

　　环境是人类生存的基础，保护环境是各国政府和每个公民的基本责任。一般来说，环境保护和经济发展是有矛盾的，经济发展会对环境造成破坏，更何况有些产业的发展和产品的生产对环境会带来破坏，虽然有了 GDP 的增长，却带来了环境的恶化，这种发展反过来又影响人类的生存和经济的发展，因为要恢复原有的环境成本是很高的，有些被破坏的环境是难以恢复或者是不可能恢复的。但同时环境保护和经济发展是统一的，保护好环境，有了良好的投资环境和生活环境，才能够吸引投资，推动经济发展。如何处理好环境保护和经济发展的矛盾是各国政府面临的共同问题，而开征环境保护税是政府保护环境的必然选择。

　　面对经济发展和环境保护的矛盾，我国政府对环境保护问题是重视的，早在改革开放初期的1978年就出台了《排污费征收使用管理条例》，通过经济手段对市场主体的污染物排放征收排污费，这对减少污染物排放，保护环境，促进经济发展方式转变起到了积极的作用。但地方政府收取的排污费毕竟不同于环境保护税，排污费在保护环境方面的作用受到一定的限制：一方面，排污费缺乏强制性。税收是国家凭借政治权力取得的收入，是国家财政收入的主要来源，具有强制性、无偿性、固定性等特点，依法纳税是每个公民应尽的义务，一旦违反税法，没有履行纳税义务是要受到国家法律惩处的，而费是政府的服务性收入，虽然有固定性的特点，但缺乏强制性，企业和个人不缴或少缴时有发生，且地方政府缺乏强有力的处罚措施。另一方面，排污费执行缺乏刚性。税收是国家税法规定征收的，国家税收的权限是集中的，除了国家统一规定的税收优惠政策之外，任何单位和个人是无权实施税收优惠政策的，而费收入归地方政府所有，有些地方政府为了所谓的招商引资，或为了做大地方GDP"蛋糕"，或为了眼前的利益，对于排污费，收取不足或处罚不严时有发生，甚至作为优惠政策给企业照顾，导致环境被污染或环境被破坏，给地方经济社会长期发展带来了隐患。由于排污费作为地方政府的收费有天然的局限性，使得排污费的执行不严或执行不到位，从而影响了排污费作用的发挥。

保护环境并治理好环境是世界各国的共同目标和共同责任，西方发达国家有过"先污染，后治理"的教训，征收环境保护税是发达国家保护环境的通行做法。虽然经过改革开放40多年的发展，我国的经济发展取得了举世瞩目的成绩，成为世界第二大经济体，但同时也付出了沉重的环境代价：空气质量明显下降，东部发达地区出现了严重的"雾霾"天气，在不少地方难得出现"高原蓝"的天气。水的问题也是如此，不少河流受到污染，水质下降，甚至一些地方的土壤也受到污染，土壤中的重金属超标，生产的农产品不能食用等，环境问题已成为经济发展的严重制约。为了避免重踏其他国家曾经走过的"先污染，后治理"的老路，环境问题倒逼我国应该而且必须将收排污费改为征收环境保护税，以转变发展理念和推进经济发展方式转变，实现经济和环境和谐发展、人和自然和谐相处。党的十八届三中全会也做了明确规定，提出要"推动环境保护费改税"。

按照"费改税"的要求，为了让排污费改为环境保护税能够顺利实施，并确保环境保护税真正起到保护环境的作用，必须做好环境保护税的设计。一要规定环境保护税的征收范围。征收范围是环境保护税作用的空间，征收范围必须广覆盖，不能留有"死角"或留有"缺口"，因为范围过窄起不到保护环境的作用，必须把与环境保护相关的都纳入环境保护税的征收范围。一般来说，环境保护涉及对空气、水和土壤的保护，理论上讲凡对空气、水和土壤造成危害或污染的都要征收环境保护税，因此，环境保护税的征税对象包括大气污染物、水污染物、固体废物、建筑施工噪声和工业噪声及其他污染物。二要设计好环境保护税的税率。在我国的税制中，税率有比例税率和累进税率两种，从排污费和环境保护税顺利过渡的角度考虑，实行比率税比较合理。由于我国的排污费是按比例收取的，"费改税"以后按比例税率收取比较合理，容易为纳税人接受，有利于排污费向环境保护税平稳过渡。当然，对一些排污特别严重的，可以加倍征收，以使环境保护税的作用得到发挥。从保护环境的角度考虑应实行累进税，设计最低档的税率，税率逐步累进，排放越多、污染越严重，则税率越高，以发挥税收自动调节的作用，但累进的级次不能过多，两三档就可以，以免税制过于复杂给税收征管带来麻烦。比例税率和累进税率各有优势，考虑到环境保护税是新税种，新税种的开征要和排污费的标准相一致，这样新税制容易为社会所接受，即环境保护税实行和排污费征收额度相一致的比例税率。三要明确环境保护税收入的归属。分税制财政体制把我国的税收分为中央税、地方税和中央与地方共享税。按理说排污费是地方政府的收入，"费改税"以后，环境保护税应作为地方税比较合理，符合地方财力发展的需要和地方环境治理的需要，但是由于环境保护税的特殊性，如果从保护和治理环境的角度考虑，把环境保护税作为地方税可能会导致税收的逆向调节，即越污染的行业或企业收税越多，地方政府发展的积极性越高，则环境保护税起不到保护环境的作用。同时，环境保护涉及的范围广，需要国家顶层的设计和政策的统一，保护环境不是一个地方的努力能够实现的，需要全社会的共同努力。因此，把环境保护税作为中央和地方的共享税是比较科学的，但考虑到环境治理的任务主要落实到地方，收入的大头应归地方，中央集中的部分收入主要用于转移支付，这和排污费也能够衔接。

当然，环境保护税也不是万能的，保护好环境仅仅靠环境保护税是不现实的，环境保护税只是环境保护的必要条件，不是充分条件。环境保护需要全社会的共同努力，从转变发展观念着手，从转变发展方式着眼，从转变生活方式着力，这才是环境保护的长久之计，这也是环境保护的立足之本。

税权适当下放有助于地方税体系的完善

在党的十八届三中全会提出的深化财税体制改革中，明确要求"深化税收制度改革，完善地方税体系，逐步提高直接税的比重"，把完善地方税体系建设作为税制改革的一项重要内容提出，把地方税体系建设提上议事日程。应该说，分税制财政体制改革以来，我国就建立了以所得税、营业税等地方税为主体，还包括城市维护建设税、房地产税、土地使用税等地方小税种构成的地方税体系，随着所得税共享改革的实施和"营改增"改革的不断推进，属于地方税主体税种的所得税变为了共享税，收入的60%归中央，而"营改增"又把营业税逐步改为增值税，即从属于地方财政收入的地方税改为属于中央和地方共享收入的增值税，收入中央财政和地方财政五五分成，这样地方税体系中留下的只有一些税源少、税源零星、税源分散的小税种，地方税体系变得不完整、不健全，这不仅影响地方财政收入，而且影响分税制财政体制的运行，地方税体系建设日趋迫切，亟须加强。

完善地方税体系建设，路径很多，但要取得进展、有所突破，难点是地方税权问题，包括税收的立法权和税收的管理权，核心是税收的立法权。因为既然作为税收体系，应该要有税收立法权，否则税收体系是不完善的，如美国除了联邦政府之外，州政府和地方政府也有一定的税权，各州和地方政府的税制是有所区别的，有些税种有些州是征收的，有些州是不征收的，有些尽管是联邦征收的税种，有些州也征收。而我国的税权是集中在中央政府的，虽然税权集中有集中的好处，有利于税制的统一和完整，但税权过度集中也有过度集中的弊端。税权过度集中，地方没有税收立法权，使得我国地方政府财政过度依赖房地产，出现所谓的"土地财政"，即地方政府财政支出的需要依赖来自对房地产的税收及政府的土地出让，这影响了地方财政的持续发展和政府公共服务的提供。同时，由于税权过度集中，地方没有税收立法权，地方政府培育税源缺乏针对性，也使得地方税的主体税种难以培养，影响了省以下分税制财政体制改革的推进。

从世界各国的税制结构看，既有税权集中的，也有税权适当下放的，没有统一的模式，没有对和错、是和非的区别，只要适合了，有利于经济社会发展、有利于政府职能的实现、有利于民众社会福利的改善和提高就是好的税制。而从我国税制发展分析，中央适当下放税权，培养地方税体系，这是基于国情的需要。一方面，经过改革开放40多年的发展，我国经济社会面貌发生了根本变化，取得了举世瞩目的成绩，已成为世界第二大经济体；另一方面，我国居民的人均收入水平还处于世界中下水平，地区差异大，经济发展相当不平衡，既有东部沿海发达地区，也有中西部经济欠发达地区，这使得我国的税源分布不平衡。东部发达地区以服务业和制造业为主，人均收入水平高，地方税源集中在城市建设维护税、房地产税、车船使用税、土地使用税等地方税上；而中西部地区，以资源型的经济为主，地方税源集中在资源税等地方税，以及和资源开发利用有关的环境保护税、碳税等一些我国尚未开征的税种上。地方税源在我国的发布是不均衡的，也是千差万别的。如果税权完全集中在中央，不给地方一定的税权，这对税源的培育是不利的，对地方税收收入的增长也是不利的。不仅如此，适当下放税权也是基于经济发展方式转变的需要。经过改革开放40多年的发展，我国经济发展面临严峻的要素制约问题，包括资源要素和环境要素，转变经济发展方式是未来我国经济再创新优势的必然选择。而转变经济发展方式除了发挥市场机制在资源配置中的决定性作用之外，还要发挥政府的重要作用，以弥补市场调节的缺陷，税收就是政府调节经济发展方式转变的重要经济杠杆。国家通过税权的下放或上收，发挥好税收的调节作用，对低能耗、低排放、高产出、低投入且高效益的行业和产业，税权适当下放地方，鼓励其发展；对地方高污染、高排放、高能耗而又低产出、低效益的行业和产业，税权上收中央，限制其发展，以避免税收杠杆的逆向调节。经济发展方式转变的迫切性也预示着税权下放的必要性。同样，税权的适当下放，更是基于税制完善和深化财政体制改革的需要。税制改革和分税制财政体制改革是密不可分的，税制改革是分税制财政体制实施的前提，分税制财政体制的推进和完善有赖于税制的健全。随着"营改增"的推进，我国税制中的地方税主体税种缺乏，地方财政收入减少，影响了分税制财政体制的运行，因此健全地方税体系、培育新的地方税主体税种已不可回避。而税权适当下放，使地方政府有一定的自主权，结合地方经济发展和税源发展前景，有选择地培养主体税种，在某种程度上可以使问题迎刃而解。

应该说，适当下放税权，培养地方税体系，不仅理论上是可行的，现实工作中也是必要的。尽管目前我国的税权集中在中央，全国是统一的，但事实上，我国有一小部分税权是灵活的，地方执行是有弹性的，这实质上是国家税权下放的表现，为未来国家税权下放以健全地方税体系提供了实践参考。如《中华人民共和国城镇土地使用税暂行条例》明确规定，每平方米土地使用税：大城市为1.5元至30元，中等城市为1.2元至24元，小城市为0.9元至18元，县城、建制镇、工矿区为0.6元至12元。地方政府在开征土地使用税时选择适应税率有一定自主权，实质也是国家下放税权给地方政府。一些东部经济发达省份的地方政府为了确保合理使用有限的土地资源，积极发挥土地使用税的税收杠杆作用，对一些效益好、发展前景好的企业征收较低的土地使用税；而对一些产能过剩、生产工艺落后的企业征收较高的土地使用税，推动了土地资源的优化配置，使生产要素更好、更多、更快地向优势产业和企业集聚，推动了企业转型升级和经济发展方式的转变，实现了经济的"腾笼换鸟"。又如，2008年金融危机爆发以来，国家为了支持小微企业的发展，实施了结构性减税政策，2011年明确规定小微企业的增值税和营业税起征点上调至月销售额5000～20 000元，各地区可在上述范围内自行确定具体起征点标准。这实质也是税权的下放，给地方政府一定的税权，以支持小微企业发展，有力地稳定了经济发展，尤其是鼓励了创业，促进了就业，使我国经济发展进入"常态化"以后，可继续保持就业的稳定增长。这些实践证明，我国税权适当下放在某种程度上是可行的，是行得通的。

　　无论着眼于经济发展，还是着眼于税制改革，税权下放是不可回避的事实，是经济社会发展到一定阶段应该做出的政策调整，这是地方税体系建设的必然选择。早在党的十六届三中全会就提出要"在统一税政前提下，赋予地方适当的税政管理权"，明确了税权下放的政策目标和改革举措。党的十七届五中全会进一步提出要"逐步健全地方税体系，赋予省级政府适当税政管理权限"。把税权下放和地方税体系建设有机结合起来，并明确税权下放的具体责任主体，使税权下放的政策目标和改革举措更加清晰，便于实践操作和执行。因此，从深化财政体制改革的要求，着眼于地方税体系建设的完善，我国应该在统一税政的前提下，适当下放税权，赋予地方政府一定的税权，允许地方政府在一定的范围内，有决定税种、税率或者是减免税的权力。

　　当然，税权下放不是无目的、无规则的下放，税权下放是有前提的。税制改革要避免改革容易犯的"一放就乱，一乱就收，一收就死"的弊端，走出改革容易陷入的"放–乱"和"收–死"怪圈。适当下放税权，以加强和完善地方税体系建设，必须以维护统一市场为前提，在全国税制大体统一的前提下，允许地方税的部分税种或部分税种的某些政策下放给地方，给地方政府一定的税权，以调动地方政府当家理财的积极性，加快对地方税源的培养，以确保地方政府职能的实现和基本公共服务均等化的实现。同时，税权下放给地方政府所指的地方政府应该是省一级地方政府，而不是所有的地方政府，因为我国行政体制上实行的是中央、省、市、县和乡五级政府，地方包括省、市、县和乡四级政府，和美国等西方国家在行政体制上实行的联邦、州和地方政府三级政府是不一样的。税权下放给地方政府，政府不进行控制，会导致税权下放政策的变异，违背税制改革的初衷，给改革带来危害，这不仅不利于地方税体系的建设，也会导致税收秩序的紊乱，违背市场经济的公平原则。

第三章 财政体制改革克难攻坚

财政体制改革要积极而稳妥

党的十八届三中全会通过的《中共中央关于全面深化改革若干重大问题的决定》（以下简称《决定》）提出"全面深化财税体制改革"，并明确提出"必须完善立法，明确事权，改革税制，稳定税负，透明预算，提高效率，建立现代财政制度，发挥中央和地方两个积极性"的财税体制改革任务。财政体制改革是全面深化改革的重要环节，而在众多的财税改革中，财政体制改革又是重要的组成部分，在深化财税体制改革进程中显得尤为迫切。

财政体制直接关系中央和地方政府的财力，影响中央和地方政府的事权和职能所在，牵一发而动全身。分税制财政体制从1994年实施以来，已运行20多年，中央和地方的财政分配关系已基本确定，其维护了中央和地方财政体制的统一和完整，提高了国家财政的实力，尤其增强了中央财政的调控能力，确保了国家政令的畅通；但分税制实施以来，在中央和地方事权没有理清的情况下，国家先后出台了一系列政策，上收财权，下放事权。一方面，上收财权。国家通过所得税分享改革、"营改增"、出口退税分担改革等，将属于地方固定收入的所得税、营业税变为或逐步变为共享税，将由中央财政负担的出口退税的一部分让地方财政负担，使地方财政收入在财政总收入"蛋糕"中的份额下降。另一方面，下放事权。国家先后推行了新型农村合作医疗改革、新型农村养老保险改革等，先后出台了义务教育免费、新农村建设等政策，地方政府的事权不断扩大，地方财政的支出范围和支持规模不断扩大。财力上收和事权下放的结果是地方财政尤其是基层财政困难，使得地方财政过度依赖房地产和债务，不少地方出现了"土地财政"和政府债务膨胀现象，这加剧了地方财政的风险。同时，中央财政通过财政转移支付，将集中的财力转移支付给地方尤其是经济欠发达的中西部地区，在促进区域均衡发展、实现基本公共服务均等化的同时，规模过大、项目过多的财政转移支付，也影响了财政效率，甚至出现了"跑部钱进"的现象。

分税制财政体制运行的实践证明，分税制财政体制是正确处理中央和地方财政分配关系，实现基本公共服务均等化和区域均衡发展的有效体制，运行中出现的问题是改革中的问题、是发展中的问题，《决定》充分肯定了分税制财政体制，提出要"明确事权""建立事权和支出责任相适应的制度"，并明确要"保持现有中央和地方财力格局总体稳定，结合税制改革，考虑税种属性，进一步理顺中央和地方收入划分"。深化分税制财政体制改革，必须按照《决定》的要求，创造条件，积极而稳妥地推进，以便进一步理顺中央和地方的财政关系，调动中央和地方两方面的积极性。

第一，事权适当上收，增加中央财政的支出责任。事权和支出责任相适应是分税制财政体制运行的基本保证，设计分税制财政体制，中央财政在财力上收的同时，事权要明确，属于中央承担的事权中央要承担相应的支出责任。在已明确的事权中，除了国防、外交、国家安全、统一市场规则和管理等作为中央事权之外，还有不少事权和中央有关，上收由中央承担或由中央、地方共担更合理。另外，随着我国经济的发展，环境问题越来越突出，已严重影响了经济社会事业的可持续发展，而对雾霾、大江大河等的治理，不是一个省、一个地区所能完成的，涉及多个省、多个地区，因为空气和水是流动的，这要求全国一盘棋，共同治理才能出成效。社会保障直接关系人口的流动和大市场的形成，在美国，社会保障税是联邦政府的主要收入，是联邦政府的职能，而我国以县级为统筹级次的社会保障制度，统筹的级次低、抗风险的能力弱，以致出现地区之间、行业之间的不平衡，社会保障的职能上收到中央，更有利于人口的流动和资源的有效配置，更有利于生产要素的流动和统一大市场的形成。义务教育，关系国民的基本素质和国家的竞争力，是每个国民应该享受的权利。义务教育经费保障由县级统筹后，基本解决了经费的保障问题，但教育不均衡是不争的事实，欠发达地区要保障义务教育发展的难度大，而发达地区教育相对发达，以致大量欠发达地区的学龄孩子流向发达地区，发达地区义务教育的财政负担也会加重，则义务教育事权上收到中央更有利于教育资源的配置，如此等等。深化分税制财政体制改革，从更有利于政府职能履行和中央地方财力结构考虑，应该对政府的事权进行重新梳理，该收的要上收，该下放的要下放，适当增加中央的事权，使事权和支出责任相适应，从而使中央和地方政府更好地履行职能。

第二，结合税制改革，理顺中央和地方财政分配关系。我国财政收入的主体是税收收入，税收制度是财力的保障，是政府事权得以实现的基础，而分税制财政体制建立在分税的基础上。随着"营改增"范围的不断扩大，直至全面推行"营改增"是必然，"营改增"以后属于地方税收入的营业税改为增值税就成了共享税，中央和地方的财力格局发生了变化，只有调整中央和地方的收入分配关系，地方政府的事权才能履行。调整中央和地方的财政收入关系，除了调整增值税分成比例，增加地方的分成比例之外，更迫切和可行的是结合税制改革，建设地方税体系，培养地方税源，增加地方财政收入。从目前的地方税看，土地增值税、契税、城建税、车船使用税等小税种要培养成为地方主体税种的难度大，而房地产税，从上海、重庆的试点情况看，短时间内开征并培养成为地方税主体税种也不现实。从"营改增"以后财力分配的格局需要，把消费税培养成为地方税主体税种是可行的选择。目前，作为中央财政收入的消费税，运行中的主要问题是征收范围窄，难以起到调节消费的重要作用。改革消费税是下一步税制改革的重要组成部分：一方面，要扩大消费税的征收范围，把高耗能、高污染产品及部分高端消费品纳入征收范围，并适当提高消费税税率，以更好发挥消费税的调节功能，适应转变经济发展方式和生态文明建设的需要；另一方面，把消费税的征收从生产环节转为消费环节，把间接税改为直接税，由消费者负担，使消费税的税源分布更加均衡，使消费税的作用名副其实，否则，很可能使消费税成为当年的产品税，导致重复建设和产业的畸形发展。只有这样，把消费税培养为地方税主体税种，地方税体系不健全、主体税种空缺的难题才能迎刃而解，中央和地方政府的收入才更加合理，从而使税制更适应分税制财政体制的需要，使分税制财政体制更加完善。

第三，规范财政转移支付，扩大一般性转移支付的规模。中央和地方事权划分了，收入清楚了，还要建立中央对地方的财政转移支付制度，这是发挥中央财政的调控功能，促进区域均衡发展，实现基本公共服务均等化的需要。分税制改革以来，我国已经建立包括以一般性转移支付制度和专项性转移支付制度为主体的财政转移支付制度。一般性转移支付是不规定具体用途，由地方政府统筹安排的转移支付形式，其特点是有利于均衡地区财力，推进基本公共服务均等化；而专项性转移支付是上级政府为特定的政策目标而设立的资金，其特点是专款专用，有利于经济和社会事业发展。随着公共财政职能的不断扩大，财政在经济社会发展中的职能作用不断得到发挥，专项性转移支付越来越多，但相互之间缺乏统一的协调机制，不少专项资金还需要地方财政配套，给地方财政尤其是基层财政带来了很大的压力。因此必须规范财政转移支付，要清理和整合专项性转移支付，减少财政专项，尤其要逐步取消竞争领域的财政专项和地方资金配套，扩大一般性转移支付的比例，把属于地方事物的财政专项纳入一般性转移支付，重点加大对革命老区、民族地区、边疆地区、贫困地区的财政转移支付，以更好地发挥财政转移支付均衡财力的功能，确保这些地区政府事权的履行。

分税制财政体制改革是一项综合改革，事权是基础，财力是保障，而税制改革和转移支付制度的完善是为了确保财力的合理分配，从而使政府的事权得以实现。以上几方面的改革是互相联系、互为一体的，在规划好分税制财政体制的顶层设计的前提下，通过这些改革，明确中央和地方的事权，划分好中央和地方的财政收入，规范中央对地方的财政转移支出，逐步完善分税制财政体制改革，从而更好地发挥好财政的职能作用，促进社会主义市场经济发展。

重构中央和地方财政收入分配关系迫在眉睫

　　财权是政权的基础，没有财力的保障，国家的政权难以运转，政府的职能难以实现，政府公共产品、公共服务的提供和民生事业的发展、民生事业的改善也无从谈起。经过1994年实施的分税制财政体制改革，我国建立了以消费税、关税等为中央财政收入，以营业税、所得税等为地方财政收入，以增值税等为中央和地方共享收入的收入分配体系，理顺了中央和地方的财政收入分配关系，做大了财政收入"蛋糕"，确保了中央和地方政府职能的实现，尤其是提高了"两个比重"，即财政收入占GDP的比重和中央财政收入占财政总收入的比重，增强了中央财政的调控能力，确保了全国统一市场的形成和国家政令的畅通。随着2002年、2003年的所得税分享体制改革的实施，把属于地方收入的所得税改为中央和地方共享税，中央和地方的分成比例从2002年的五五调整为2003年以后的六四，以及从2012年1月1日起在上海的交通运输业和部分现代服务业开展"营改增"试点，2012年8月1日起试点至江苏、北京等全国10省市，2013年8月1日起试点范围推广到全国，2014年1月1日起又将铁路运输和邮政服务业纳入"营改增"试点范围，2016年5月1日起全面实施"营改增"，此后营业税退出历史舞台。

　　"营改增"以后，中央和地方的财政收入关系发生了变化，原属于地方的财政收入更多地成了中央的财政收入。因此，在税制改革的基础上，调整中央和地方的收入关系、完善中央和地方分税制体制改革被提上议事日程，甚至是迫在眉睫。

　　重新划分中央和地方财政收入，关键是完善地方税体系，培养地方财源，弥补因税制改革减少的地方财力。

　　完善地方税体系、增加地方财力，有一种比较受关注的思路是开征房地产税和改革资源税，在东部地区形成以房地产税为主体、西部地区以资源税为主体的地方税体系。这种改革思路理论上是可行的，但仔细分析后便知难度非常大，实施起来困难重重，并不像想象的那么美好、那么可行。从房地产税分析，我国从2011年1月起在上海、重庆开始了房地产税改革的试点工作，上海主要对人均住房面积超过60平方米的第二套新增住房征税，税率是0.6%；重庆主要对独栋商品住宅和高档住房征税，税率是0.5%。从两个市的实际执行情况看：2011年，上海房地产税收入为22.1亿元，在上海财政收入中仅占0.64%；重庆的房地产税收入更少，还不到1亿元。仅靠有限的房地产税收入解决地方财力问题只能说是杯水车薪。而要增加财政收入必须全面征收房地产税，考虑到我国居民的收入水平和纳税意识，全面开征房地产税的难度大，更何况我国地方政府通过土地出让金的形式，已把未来几十年的地租收取，再全面征收房地产税会遇到很大的阻力。从资源税的情况看，我国从2010年6月起在新疆开始了原油、天然气资源税改革的试点工作，改革资源税的征税办法，实行从价计征，税率均为5%。2010年12月1日，资源税改革推广到西部地区12个省份。2011年11月1日，资源税改革在全国全面推开。2010年7月至2011年5月，新疆资源税共增收35.78亿元。资源税改革取得了明显的效果，但考虑到资源的不可再生性，以及资源分布的地区不平衡性，即使资源税扩大到煤炭、有色金属等资源以后，西部地区靠资源税来弥补财力的不足也是有困难的。可见，划分中央和地方的财政收入必须另辟蹊径。

　　党的十八届三中全会提出的深化财税体制改革中明确了要进行税收制度改革，把"深化税收制度改革，完善地方税体系，逐步提高直接税比重。推进增值税改革，适当简化税率。调整消费税征收范围、环节、税率，把高耗能、高污染产品及部分高档消费品纳入征收范围。逐步建立综合与分类相结合的个人所得税制。加快房地产税立法并适时推进改革，加快资源税改革，推动环境保护费改税"作为税收制度改革目标和方向。根据分税制财政体制"一级政府、一级事权、一级财权"的原则，财权和事权相适应、财权和支出责任相匹配是分税制财政体制正常运转的基本要求。重构中央和地方财政收入分配关系必须在现行分税制的基础上，结合十八届三中全会提出的税制改革思路，在保持中央和地方财政收入分配格局基本稳定的前提下，对中央和地方的财政收入做适当的调整。

第一，改革消费税，建立以消费税为主体的地方税体系。所得税分享改革和"营改增"以后，地方税体系建设的难点是缺乏主体税种，从目前的地方税中培养主体税种难度大，如何弥补"营改增"以后地方财政减少的收入成为难题。结合消费税改革，把消费税从中央税变为地方税，可以在一定程度上弥补"营改增"以后地方财政收入的减少。当然，把消费税从中央税改为地方税要和消费税自身的改革结合起来，这样才能达到改革的目标。一方面，要扩大消费税的征收范围，把高污染、高能耗、高消费的产品纳入消费税的征收范围，真正发挥消费税的经济杠杆和调节消费的作用，以引导消费和经济结构转型，推进经济节约型、环境友好型"两型社会"建设；另一方面，改变消费税的征收环节，从生产环节转为消费环节征收，这样可以避免消费税因税源地方分布不平衡产生的逆向调节而导致的重复建设、盲目建设，从而引发产业结构的雷同和资源配置的浪费，我国税制改革之前征收产品税时就有过这方面的教训。与此同时，改革消费税的征收环节也有利于调节我国的税制结构，提高我国直接税的比例，使更多的税收负担由企业向个人转移，以提高国民的纳税意识。

第二，全面推进"营改增"改革，提高增值税地方共享比例。增值税的优点是只对增值额征税，公平合理，避免了重复征税。全面征收增值税，可以避免营业税带来的重复征税问题，实现增值税链条的完整，这是税制改革的必然要求。"营改增"作为国家结构性减税的重大举措：一方面，减轻了企业的负担，避免了重复征税；另一方面，减少了地方财政收入，因为营业税是地方收入的主体税种，"营改增"把属于地方的收入变为中央和地方的共享收入，直接影响了地方收入，影响了现行分税制财政体制的财力分配格局。在属于地方的新税种没有开征，要确保地方政府职能实现有财力保障，重新调整共享收入增值税的分成比例是不二的选择。国家必须结合"营改增"以后地方财政收入减少的情况和中央财政收入增加的情况进行全面测算，在此基础上，根据中央和地方政府各自承担职能的财力保障程度，提高增值税地方收入分成比例。作为全面"营改增"的过渡办法是把增值税的七五与二五分成改为五五分成，这样能够继续保持给地方政府更多的财力，从而满足地方财政的支出需要，实现基本公共服务的均等化。

第三，实施环境保护费改税，将环保税作为共享税。我国保护环境主要采取征收排污费的形式，这对保护环境起到了一定的作用，但由于征收排污费缺乏强制性手段，征收的范围窄、标准低、难度大，和日益严重的空气污染、江河污染、土壤污染等环境问题不相适应，因此加快我国的环境保护费改税是发挥税收经济杠杆作用、推进环保保护和环境治理的必然要求。由于保护环境和治理环保是政府的重要职责，是公共财政作用的范围，而要解决空气、水等环境的保护和治理问题，不是靠地方或个别地方的努力就能够完成的，还需要中央政府的作为，因为空气是流动的，华北的雾霾治理，涉及河北、内蒙古、山东、北京、天津等省市，大河大江也是跨区域的，仅长江就流经19个省区市，这就需要中央和地方共同承担事权，仅靠一方的努力，即使全力以赴也难以达到效果。当然，大量的环境问题要靠地方去治理，要靠经济发展方式的转变来实现。因此，环境税，包括与环境保护和治理有关的碳税等，应该作为中央和地方的共享税，收入的大头在地方，中央财政也要集中一部分，以协调国家的环境保护和环境治理事权。

第四，加快房地产税、资源税改革，壮大地方财源。从实行分税制财政体制的国家来看，不少国家的房地产税是地方政府的重要收入来源，包括美国，金砖国家中的南非亦如此。在我国，虽然房地产税、资源税短期内成为地方主体税种的难度大，甚至不可能，但是必须加快房地产税、资源税改革，这不仅是经济发展的需要，更是调节收入分配、促进可持续发展的需要，也是开辟地方财源、推进地方税体系建设的需要。对房地产税改革，既要加快试点，又要加快立法。一方面要加快试点，在上海、重庆试点的基础上，结合各地房地产行业发展情况，有选择地加快试点步伐，给市场以信号，以避免房地产过度投资或投机造成房地产的"泡沫"和收入分配的不公；另一方面，要加快房地产税的立法，应广泛听取社会各界民意，并在充分论证和听证的基础上，明确房地产税的征收范围、征收标准，使房地产税的开征有法可依，逐步培养房地产税税源，使之成为地方税的重要组成部分。对于资源税，主要是要扩大征收范围，以确保对资源的保护和有效利用。一方面要把资源税的征收方式从从量税改为从价税，使资源的价格反映价值，从而使全社会真正形成节约资源、有效利用资源的社会氛围；另一方面要扩大资源税的征收范围，从目前的石油、天然气，扩大到煤炭、有色金属，甚至是水资源等可再生资源，从而增加资源地区主要是西部地区地方政府的财政收入，把西部地区的资源优势转化为经济优势，促进西部地方经济社会发展和基本公共服务均等化的实现。

第五，开展对社会保障税的研究，并将其作为中央税来培育。虽然十八届三中全会没有明确社会保障税的改革，但不等于社会保障税改革不需要研究。不少国家的社会保障税是政府筹集社会保障资金的重要来源，美国的社会保障税是联邦政府的主要收入之一。我国社会保障主要采取收费的形式，社会保障的统筹级次比较低，采取县级统筹，各地保障的程度、保障的标准也不相同。社会保障制度作为国家的基本经济制度，直接关系人口的流动和社会统一大市场的形成，全国应该统一，否则，资源的市场化配置难以实现，公平合理的市场经济难以建立。由于我国社会保障起步迟，政府社会保障的欠账多，以至于社会保障的统筹级次低、保障的标准低，而要提高社会保障统筹级次、统一社会保障制度，开征社会保障税是不二的选择。当然，社会保障税应为中央税，社会保障税收入应归中央财政，即使作为共享收入，收入的大头也应该归中央财政，地方政府主要承担社会保障的具体事务。

总之，为适应税制改革以后的收入变化，在收入重新划分的基础上，按照事权和支出责任相适应的原则，适当上收事权，将部分地方事权上划中央，由中央政府承担更多的支出责任，这样，深化分税制财政体制改革，理顺中央和地方的财政分配关系将不再遥远，指日可待。

构建以共享税为主体的分税制财政体制

按照全面深化财税体制改革的时间表和路线图的要求，我国财税体制改革已全面推进，并取得了积极的成效，为完善社会主义市场经济体制建设，为推进国家治理体系建设和治理能力的现代化提供了有力的政策支持和财力保障，尤其是"营改增"的全面实施，使得中央和地方的财力分配格局发生了变化，共享税成为中央和地方财政收入的主要来源，为建立事权和支出责任相适应的制度奠定了基础。

1994年推行的分税制财政体制以税种来划分中央和地方的财政收入，形成了共享收入，把增值税作为共享收入的主要税种。2002年、2003年的所得税分享改革，把属于地方收入的所得税改为共享税，2012年以来的"营改增"试点和2016年5月1日的全面"营改增"试点，进一步扩大和提高了共享税收入，使共享税收入占税收收入的比重从不到三分之一，到2013年超过50%，2016年又提高到60%以上。这样，在我国分税制财政体制中，中央和地方的财政收入主要由共享税组成，即我国建立了以共享税为收入主体的分税制财政体制，改变了中央和地方的财政分配关系，使以共享税为收入分配主体的财政分配关系得以建立。

这种中央和地方收入分配关系的调整，是适合我国经济社会发展的，有利于更好地处理中央和地方的财政分配关系。

一是适应事权划分的需要。事权是财权的基础，划分财权必须以事权为依据，而事权划分不像市场上买商品，等价交换，泾渭分明，一目了然。中央和地方政府之间的事权划分是很困难的，这在世界各国推行政府分权中都是难题，更何况我国还处在完善社会主义市场经济体制改革的阶段，由于政府和市场的边界没有完全厘清，给政府事权的划分增加了难点。同时，政府之间的事权除了外交、国防等明确归中央政府管理之外，对于政府公共事务的管理，中央和地方政府之间本身就是"你中有我，我中有你"，难以划分。在政府间事权难以清晰划分的前提下，把共享收入作为政府间收入的主要来源，也体现了"你中有我，我中有你"的道理，和政府间的事权划分相一致，促使中央和地方政府目标的一致性，在中央统筹规划的基础上，上下一盘棋，相互协作、相互配合、相互支持，共同行使好政府的事权，推进经济社会的协调发展、基本公共服务的均等化。

二是适应我国税制特点的需要。从税制本身看，作为我国共享税主体的增值税和所得税也适合作为共享税，这样更有利于管理和适应经济社会发展的需要。从增值税的特点分析，增值税是对增值额课税的税种，其可避免营业税的重复征税问题，更有利于分配的公平。而增值额的计算是通过增值税发票采取环环抵扣的方式实现的，是一个完整链条，一旦某个环节出问题或取不到增值税发票，增值税的链条就不完整，增值税的优势就体现不出来。把增值税作为共享税有利于增值税发票的取得，从而使增值额的计算，使增值税的优势得到发挥，以推进企业的生产革新和技术进步。所得税也同样如此，随着经济的发展和市场竞争的激励，规模化、集团化是企业发展的趋势，总部经济、经济联合体、混合所有制、企业集团等经济模式不断出现，而把所得税作为共享税，有利于避免中央和地方政府间所得税的调剂问题，以适应经济发展的需要。

三是适应税收征管的需要。由于分税制将税收分为中央税和地方税，并分别由国家税务局和地方税务局征收，虽然这有利于确保中央税的征收，避免中央财政收入的流失，但也为中央和地方争税源留下了隐患。一些地方为了地方税的征收、地方财政收入的获取、地方财力的增强、地方政府职能的实现，与中央争税源之事时有发生。而把更多的税收改为中央和地方共享税，建立以共享税为收入分配主体的分税制财政体制，达到"你中有我，我中有你，不分彼此"，使地方和中央的税收征管目标一致，则地方和中央争税源的弊端就可以避免；并且这有利于对税收的征管，也为国家税务局和地方税务局合并奠定了基础。同时，这种税收模式也有利于优化税收服务，方便纳税人，减少税收成本，提高办事效率，增强政府的公信力。

四是适应构建税收新秩序的需要。我国政府一直很重视整顿和规范税收秩序，但一直没有找到很好的办法。地方各级政府一直把税收政策、税收优惠作为招商引资的政策手段，使得国家规范和整顿税收秩序困难重重，收效甚微。分税制实行以后，国家加强了对中央税和共享税的管理，地方政府就从地方税方面做文章，把税收优惠的重点转入地方税，地方税的完整性、管理的规范性受到冲击。地方政府为了招商引资，违反国家税收政策，出台地方税减免优惠政策的事情时有发生，甚至出现税收优惠的相互攀比，地方招商引资竞争变相成为税收优惠竞争，这不仅侵害了税基，而且破坏了税收秩序，进而破坏了公平的市场环境。而建立以共享税为主体的收入分配体系，税收管理的主动权掌握在中央，实则阻断了地方利用税收优惠的念头和政策手段，地方政府为招商引资只能更多地在优化服务、改善环境上做文章，这就有利于厘清税收优惠政策，规范税收秩序。

以共享税为主体的收入分配体系的建立为深化分税制改革奠定了良好的基础。为适应"营改增"以后财力分配结构调整变化的需要，要进一步厘清事权，加强对财源的管理，建立起事权和支出责任相适应的制度。

第一，厘清中央和地方政府的事权。厘清事权难在中央和地方的共有事权。分税制的前提是划分事权，而这又是分税制的难点。党的十八届三中全会通过的《决定》明确了在中央和地方事权中，把国防、外交、国家安全、关系全国统一市场规则和管理等作为中央事权，把区域性公共服务作为地方事权，这种划分相对比较容易，也容易被各方接受。难点是中央和地方的共同事权，仅把部分社会保障、跨区域重大项目的建设和维护等作为中央和地方的共同事权，这种划分太笼统，涵盖的范围太狭窄，造成许多事权责任主体不明确，操作的难度大。而实际上，我国目前许多事权的责任主体在中央而主要由地方承担的，像社会保障、义务教育，这是公民的基本权利，关系人口的流动和统一市场的建立，即使作为共同事权，责任主体也应该是中央而不是地方；又如像环境保护和治理，仅靠地方是难以解决的，更要靠中央来协调和统筹安排，对这些事权也要有相对明确的划分，只有这样，中央和地方的事权才能厘清。当然，中央和地方的共同事权划分也是相对的，随着国家财力的变化、政策发展和宏观调控的需要，中央和地方的共同事权的范围可以调整，承担责任的重点可适当向中央倾斜或向地方倾斜，由中央或地方承担更多的事权和责任。

第二，共同做大"蛋糕"。中央和地方财政以共享税为主体的收入分成体系的建立，为财源的培养、财力的增加明确了方向，中央和地方财政必须劲往一处使、力往一处用，把财源建设的重点放在对共享税的培养上，共同做好发展的文章。一方面要发挥好财政政策的作用，利用政府产业基金等政策工具，引导经济发展，加快对经济结构的调整，推动经济的转型发展，把经济发展从以加工业为主向产业链两端的研发和销售延伸，提高产品的附加值和科技对经济的贡献度；另一方面要积极落实好国家供给侧结构性改革过程中出台的减税降费政策，发挥好税收政策在反经济周期中的调节作用，刺激经济发展。在经济发展的基础上，做大财政的"蛋糕"，为经济社会事业发展、民生改善和社会福利的提高奠定基础。同时，地方政府也要加强对属于地方收入的房地产税、契税、车船使用税等地方小税种的管理，以"积小流汇成江海"，把小税种培养成大财源。

第三，加强财政、税务之间的合作。分税制改革以后，我国分别成立了国家税务局和地方税务局，国家税务局主要负责中央税和共享税的征收，地方税务局主要负责地税及非税的征收。随着税收征管改革的推进，尤其是国家税务局和地方税务局的合并，为财政和税务之间的更好合作创造了条件。以共享税为主体的收入体系建立以后，共享税不仅只是税务一家的事，财政更是关心，因为共享税直接关系财政的可用财力，关系财政预算的安排和执行，这样财政、税务之间的沟通、协作比以往更加重要，更加迫切。因此，财政、税务之间必须加强联系，加强合作，一方面在信息共享上要加强合作，确保税收收入数据的共享，使中央和地方财政能及时掌握收入的数据，以便安排财政预算，也能为政府分析数据、制定政策提供参考和依据；另一方面在财源培养上要加强合作。共享税的主体地位，决定了做大共享税"蛋糕"是财政、税务的共同责任，因此，财政、税务互相之间要加强合作，密切联系，培养好财源。

第四，构建中央和地方的财政转移支付制度，把中央的事权通过委托代理的形式委托地方行使。中央和地方的事权相对清晰了，财力分配也明确了，此时要确保分税制财政体制的运行，还必须建立和完善中央和地方的财政转移支付制度，否则地方政府的事权难以履行，区域均衡发展和基本公共服务均等化也难以实现。同时，由于区域的多样性和发展的不平衡性，即使是中央的事权或者中央和地方的共同事权，具体的实施也要靠地方来履行，或由地方政府来履行更有效率，更符合实际。而以共享税为主体的收入分配体系也为中央集中财力，建立转移支付制度，履行事权提供了基础和条件，中央可通过安排转移支付将部分事权支出责任委托地方承担。对于跨区域且对其他地区影响较大的公共服务，中央通过转移支付承担一部分地方事权支出责任。这样，事权履行就有了财力保障，更重要的是，事权的履行有了责任主体。

合作共赢是深化分税制财政体制改革的着力点

党的十八届三中全会提出了深化财税体制改革，明确了财政是国家治理的基础和重要支柱，财政改革的目标是建立现代财政制度，并提出要改进预算管理制度、完善税收制度、建立事权和支出责任相适应的制度。按照全面深化财政体制改革的要求，2015年我国实施了新修改的预算法，预算改革取得了突破性的进展，建立了现代预算制度框架，这为财政体制改革创造了条件。与税制改革相适应，下一步财政改革必须从财政体制改革上寻求突破。而财政体制改革牵一发而动全身，涉及面广，调整的利益直接，不仅涉及中央和地方的财政分配关系，而且涉及国家和企业的财政分配关系；不仅是事权和财权的划分，更关系政府职能的大小和政府职能的行使。为推进财政体制改革，在做好顶层设计的同时，应按照"共担、共享、共推"的要求，规划体制机制，建立科学合理、有效规范的体制机制。合作共赢是深化分税制财政体制改革的有效着力点。

一、建立事权"共担"的责任机制，明确政府事权，有效承担政府的职责，确保政府职能得以实现

事权实质是政府职能的范围，而政府的职能范围不是固定不变的，界定的难度大。这种难体现在：一方面，政府和市场的边界难界定。政府和市场关系的核心是要发挥市场在资源配置中的决定性作用和政府的重要作用，但哪些事权属于市场作用范围，在此范围内，市场作用效率更好更高，政府不应该干预或减少干预，以发挥市场在资源配置中的决定性作用，确保政府职能的不"越位"；哪些事权属于政府的职责范围，即在市场失灵的领域，需要加大政府的作用力度，以避免政府职能的"缺位"。如何清晰界

定政府和市场的作用范围没有统一的标准、固定的模式，且难度大，更何况政府的职能范围也不是一成不变的，随着时间和环境的变化，政府的职能范围也是变化的。另一方面，中央和地方政府的事权划分难。我国作为世界上最大的发展中国家，陆地面积约960万平方千米，有56个民族，13亿多的人口，国情的基本特点是"人口多、底子薄、地方发展不平衡"。国情的复杂性、地区发展的不平衡性、民族的多样性等特点，决定了中央和地方政府之间事权界定的复杂性和困难性，中央和地方政府之间的不少事权是"你中有我，我中有你"，仅靠中央或地方政府一头难以行使、难以实现或行使得更好。而事权划分又是分税制财政体制的前提和基础，是分税制财政体制不可或缺的组成部分。那如何使政府的职能得以实现，又避免事权划分上的难题？推进分税制财政体制改革的深化，建立中央和地方事权"共担"的责任机制是一种有效形式。

中央和地方事权"共担"的责任机制的核心是"共担"，具体事权划分和职能行使上，能够明晰的尽量明晰，以明确责任，不能明晰或难以明晰的作为共同事权，明确各自责任。因此，除了国防、外交、国家安全、关系全国统一市场规划和管理等作为中央事权，区域性公共服务作为地方事权之外，更多地由政府提供的公共服务应作为中央和地方的共同事权，由中央和地方共同承担。在事权责任大小的划分上，中央根据不同公共服务的性质，不同区域地方政府财力的差异，承担相应的比例，以使政府事权更好行使。同时，明确中央和地方政府的作用点，中央更多地承担规划、制度等顶层设计方面的职责，地方政府更多承担具体操作层面的职责。在提供方式上，要把政府公共服务的职能行使和提供区分开来，有些公共服务的职能，既要中央承担相应的事权，但不一定要中央直接行使相应的职能，中央可以通过委托代理的形式，委托地方政府来行使相应的职能，由地方政府代理中央承担事权，这样便于中央职能更好地行使。这种事权共担的责任机制，有利于政府职能的实现，是政府职能实现的有效形式，同时可避开中央和地方政府事权划分的难题。

二、建立财力"共享"的动力机制，确保事权和财力相适应，增强政府尤其是地方政府行使职能的能力，推进基本公共服务均等化

事权是财权的基础，财权是事权的保障，政府事权的实现必须有相应的财力做保障，否则政府的事权难以行使、难以实现，再多、再好的事权也只能是"空中楼阁"。根据事权划分财权，使事权有财力保障是财政体制的重点。为了确保事权和财力的匹配，使事权有财力支撑，1994 年推行的分税制改革对财力做了规范性的划分，将我国财力主体的税收划分为中央税、地方税与中央和地方共享税，并把增值税、资源税、证券交易税作为共享税，其中增值税的共享比例为中央财政占 75%，地方财政占 25%；海洋、石油、天然气的资源税归中央财政，其他资源税归地方财政；由于证券交易税的特殊性，收入大头归中央财政，少部分归地方财政。2002 年，我国又把属于地方税的企业所得税和个人所得税改为共享税，中央和地方五五分成，2003 年改为六四分成，60% 归中央财政，40% 归地方财政。2012 年 1 月 1 日起，我国又在上海开展了交通运输业和部分现代服务业"营改增"试点工作，2013 年 8 月 1 日起试点范围推广到全国。"营改增"以后意味着属于地方税的营业税改为共享税的增值税，实质是增加了共享税的范围和规模。

分税制财政体制运行 20 多年来，不仅规范了中央和地方、国家和企业的分配关系，而且增强了财政的实力和调控能力。从我国分税制财政体制看，财力划分的特色是共享税占有重要位置，这是符合我国国情和税收征管需要的，不仅有利于做大财政"蛋糕"，共享税把中央和地方的利益凝聚在一起，劲往一处使，同向思维，自然避免了不必要的矛盾，推进经济社会发展；而且也符合我国税收征管的需要，把更多的税收改为中央和地方共享税，建立以共享税为收入分配主体的分税制财政体制，"你中有我，我中有你，不分彼此"，使地方和中央的税收征管目标一致，地方和中央争税源的弊端就可以避免，即有利于税收的征管。随着下一步"营改增"的全面实施，税制改革倒逼分税制财政体制改革，这样与事权相适应的财力分

配必须做进一步的调整，调整的方式为巩固和完善以共享收入为主体的财力分配方式，建立财力"共享"的动力机制。

在具体的财力分配中，中央和地方财政收入的划分必须以现行的收入划分为基础，在保持现有中央和地方财力格局总体稳定的前提下，随着"营改增"的全面推进，财力更多地向中央财政集中后，中央和地方的财政收入结构要做相应的调整，中央和地方的分成比例必须调整，分成比例根据中央和地方承担的事权，中央财政做一定的让渡，适当向地方倾斜，提高地方财政的分成比例，如针对增值税，中央和地方共享分成比例由75：25调整为60：40或50：50，等等。同时，把消费税从中央税改为中央和地方共享税，收入的大头归地方，这有利于一定程度上弥补"营改增"后地方财力的减少。其他的税收收入的归属可以在原有的基础上保持不变，以维护分税制财政体制的连续性和稳定性。至于今后新开征的税种，应根据税种的属性进行分配，如用于环境保护和治理的环境保护税应作为中央和地方共享税，房地产税应作为地方税，等等。在收入划分的基础上，进一步规范财政转移支付制度，要厘清、整合、规范专项转移支付，减少财政专项支付，尤其要取消竞争领域的财政专项支付和地方资金配套，扩大一般性转移支付的比例，把属于均衡财力的财政专项纳入一般性转移支付，加大对革命老区、民族地区、边疆地区、贫困地区的财政转移支付，以更好地发挥财政转移支付均衡财力的功能，确保这些地区政府事权的履行，从而实现基本公共服务均等化。

三、建立改革"共推"的担当机制，发挥中央和地方的积极性，凝聚改革合力，确保事权和支出责任相适应制度的建立

改革是前无古人的伟业，没有现成的做法可以照搬，没有固定的做法可以复制，需要发挥人的主动性、创造性，需要调动各级政府的积极性，需要得到社会各界的理解和支持。而财政体制改革是改革的重要组成部分，甚至是改革的突破口。党的十一届三中全会以来，我国率先从财政体制改革着手，建立"划分收支，分级包干"的财政体制，即"分灶吃饭"的财政体制，打破了财政的"统收统支"，有效地处理好中央和地方、国家和企

业的财政分配关系。财政上的简政放权和减税让利，调动了地方政府的积极性，增强了企业的活力，使改革立竿见影，取得成效。党的十四大以来，按照建立社会主义市场经济体制改革目标的要求，我国财政及时进行了分税制财政体制改革，把事权和财政的关系有机结合起来，进一步清晰了中央和地方的财政分配关系，增强了国家财政的调控能力，为经济社会发展提供了有力的财力保障和政策支持。党的十八届三中全会提出全面深化财税体制改革，建立现代财政制度，提出要改进预算管理制度，完善税收制度，建立事权和支出责任相适应的制度。这是我国财政发展进入新时期、财政改革进入新阶段的全面改革，不是简单的修修补补，改革的全面性、系统性，改革所涉及的利益调整，都是空前的。改革的难度也是可想而知的，因此，深化财政体制改革，建立事权与支出责任相适应的制度，必须建立改革"共推"的担当机制，充分调动中央和地方各级政府的积极性。财政体制改革的主动权在中央，中央财政是财政体制的设计者，其必须做好财政体制的顶层设计，在吸收20多年分税制财政体制改革成功经验的基础上，结合税制改革，充分考虑地方财政的困难、地方的事权、地方的诉求，做到统筹兼顾，以充分调动地方财政的积极性，使中央财政和地方财政形成合力，形成同向思维，共同做大财政"蛋糕"，共同推动经济社会的发展，推动民生事业的改革，推动社会福祉的提高，以加快现代财政制度建设。

"后营业税"时代地方财力建设思路选择

财政是国家治理的基础和重要支柱，科学的财税体制是优化资源配置、维护市场统一、促进社会公平和实现国家长治久安的制度保障。而财力是财政职能实现和财政作用发挥的基础，没有财力的支撑和保障，财政职能的作用难以实现。党的十九大提出要建立权责清晰、财力协调、区域均衡的中央和地方财政关系。"后营业税"时代，我国中央和地方财力分配的格局是以共享税为主体，这是全面实施"营改增"以后中央和地方财力分配的新情况。地方财力建设必须主动适应后营业税时代财力分配格局变化的新形势，有针对性地加强财源建设、夯实地方财力基础，为经济社会发展服务。

一、转变观念，适应中央和地方财力分配格局的调整，共同做大财力"蛋糕"，确保地方财力发展的持续性

财力分配是财政体制的重要组成部分，直接关系政府的事权和职能作用的发挥。按照全面深化财税体制改革的要求，国家根据经济社会发展的需要和政府职能调整的需要，适时对中央和地方财力分配格局进行调整，这是分税制财政体制改革不断深化和完善的需要。中央和地方财力分配调整的主导权在中央，在调整前，中央会充分考虑地方的利益，听取地方的意见，反映地方的诉求。但一旦明确，中央和地方的收入范围清晰了，地方只能适应调整后的财力分配格局，和中央财政保持高度一致，共同做大财政"蛋糕"。地方不能为了财力去损害中央的利益，不能从中央收入中挖更多的收入，也不能以费挤税，违背收入秩序的稳定性。1994年的分税制改革把增值税作为共享税，此时共享税收入在税收收入中的占比不到三分

之一；2002年、2003年的所得税改革，把属于地方收入的所得税改为共享税，使得共享税收入在税收收入中的占比超过50%；2016年的全面"营改增"试点，使得共享税收入占税收收入的比重超过60%。因此，"后营业税"时代，中央和地方财政建立了以共享税为主体的收入分成体系，共享税成为地方财力的主要来源，中央和地方的财力"我中有你，你中有我，密不可分"，这为地方财源的培养、财力的增加明确了方向。在地方财力建设上，地方财政必须与中央财政保持一致，劲往一处使、力往一处用，把财源建设的重点放在对共享税的培养上，共同做好发展的文章。一方面要发挥好财政政策的作用，利用政府产业基金等政策工具，引导经济发展，加快经济结构的调整，推动经济的转型发展，把经济发展从以加工业为主向产业链两端的研发和销售延伸，提高产品的附加值和科技对经济的贡献度；另一方面要积极落实好国家供给侧结构性改革过程中出台的减税降费政策，发挥好税收政策在反经济周期中的调节作用，刺激经济发展。在经济发展的基础上，共同做大财政"蛋糕"，壮大地方财力，达到"大河有水小河满"的理财目标，为地方经济社会事业发展、民生改善和社会福利的提高奠定基础。

二、主动作为，适应财力分配趋势变化，做好税源培养，为地方赢得更多财力

财力调整时无论如何划分都离不开之前中央和地方收入的划分，即收入基数，这是收入划分的基础。为了适应财力调整的需要，中央财政都会想方设法照顾地方政府的收入基数，即地方政府的既得利益，这是财力调整的基本定律。在"后营业税"时代，地方财政要主动适应财力调整的实际，能够并且允许尽量做大地方财政的收入"蛋糕"，为改革顺利推进和地方赢得更多的利益。但这种做大地方收入"蛋糕"必须实事求是，绝不允许违背客观规律或者人为的造假，否则，会受到中央财政相应的处罚。从地方财政来说，重点要加强对税源的管理，做大今后的财力"蛋糕"。一是做大增值税税源。全面"营改增"以后，把属于地方收入的营业税改为属于中央和地方共享收入的增值税，为了确保地方的财力和地方政府职能的

实现，对增值税的分成比例做了调整，分成比例从75：25调整为50：50。过渡期结束后，增值税的分成比例也会做相应的调整，调整的方向为进一步增加中央财政的分成比例，比如从五五分成改为六四分成。因为增值税作为间接税，如果分成过多地给地方，会产生税收的逆向调节，导致产业结构的趋同，以及重复建设、盲目发展，造成资源浪费，我国已有过这方面的教训。因此，地方财政要适应"后营业税"时代税制结构变化的趋势，加快经济发展方式调整，优化经济结构，按照依法理财治税的要求，积极培育增值税的税源，做大增值税的"蛋糕"，为今后在增值税比例调整时赢得更多的财力。二是高度重视对消费税税源的跟踪研究。分税制把消费税作为中央税，按照全面深化财税体制改革提出的培养地方税体系的要求，而"营改增"以后地方税体系最大的问题是缺乏主体税种，国家在提高增值税收入中中央分成比例的同时，很可能把消费税改为地方税，让其作为地方税的主体税种，并扩大消费税的征收范围，从而更好地发挥消费税调节和引导消费的作用。如果把消费税作为地方税，消费税的征收环节也会做相应的调整，从生产环节征收改为消费环节征税，这样不仅使消费税的分布更加均衡，也使消费税的作用发挥得更好，从而避免消费税的逆向调节问题。因此，地方财政要高度重视对消费税税源的调研，主动分析消费税税源的发展变化，为今后消费税归属的调整赢得主动，为地方财力扩大打下基础。

三、加强管理，挖掘小税种的潜力，把小税种培养成大财源，开辟地方财力新增长点

由于地方小税种税源分散，涉及千家万户，管理的难度大、成本高，一直是税收管理的薄弱环节。有些地方甚至是沿袭"抓大放小"的做法，主要抓主要税种及对主体税种的管理，把管理的力量集中在大财源上，对小税种放任自流，管理粗放。这也说明小税种的潜力大。在"后营业税"时代，地方政府必须着眼于现行分税制财政体制，着眼于地方小税种，眼睛向内，提高对地方小税种的认识，把小税种培养成大财源。从我国未来经济和税源培养的前景看，随着我国经济的发展和居民收入的增加，以及居民消费能力的提高和消费结构的不断提升，房地产税、契税、土地使用

税、土地增值税等地方小税种的增长潜力巨大，如果把这些小税种加起来看，可能和大税种并没有区别。从地方实际税源结构的发展变化看，地方小税种和增值税、所得税这些大税种一样，在地方税收收入中是旗鼓相当、不可或缺的。地方政府应加强对小税种的管理，把小税种和主体税种一样看待，增加管理力量、健全管理制度、提高管理精细化程度和管理的信息化水平，把该收的收入收上来，以避免小税种的流失。同时，结合供给侧结构性减税政策的实施，要发挥小税种税收调控政策的功能。小税种是地方可支配的收入，管理的主导权在地方，地方政府要发挥小税种的经济杠杆作用，对一些鼓励发展的行业和产业，通过小税种的优惠给予支持，以促进地方经济的转型升级；对一些淘汰的产业或限制发展的产业，提高小税种的征收比例给予限制。

四、积极有为，加强财政、税务之间的协作，为地方财力建设创造条件

分税制改革以后，我国分别成立了国家税务局和地方税务局，国家和地方税务机构虽然工作职能和工作范围有所不同，但同为国家聚财、同为纳税人服务，工作性质相同，工作内容相关，随着"营改增"的全面实施和税收征管改革的推进，国税和地税征管机构的合并，地方财源建设有了新的变化。进入"后营业税"时代，营业税退出历史舞台，增值税规模扩大了，征收范围更广了。增值税作为共享税的主体，在税收征管体系中的地位更加凸显。以共享税为主体的收入体系建立以后，共享税不仅是国税一家的事，财政更是关心，共享税直接关系中央和地方财政的可用财力，关系财政预算的安排和执行，这样财政、税务之间的沟通、协作比以往更加重要，更加迫切。因此，财政、税务之间必须加强联系，加强合作。如前所述，一方面在信息共享上要加强合作，另一方面在财源培养上要加强合作。按照新税收征管法的要求，简化办税程序，优化办税服务，提高办税效率，做好纳税服务工作，以降低税收成本，培养好财源，推进地方财力建设。

必须澄清财政"省管县"与城市化相克的悖论

　　城市是在经济发展的基础上产生的，经济发展自然而然会产生人流、物流和资金流，与经济发展相适应的城市随之产生，工业化、城市化、现代化是经济社会发展的必然过程。没有经济的发展、支撑而人为的城市化，是造城运动。出现"鬼城"，就是过度城市化，产生"城市病"，给经济社会发展和社会资源配置带来浪费，这样的城市化是不成功的，也是不可持续的。同时，城市又是一定区域范围内的政治、经济、交通、文化、教育、科技等方面的中心，能够带动、推动、辐射周边区域经济社会的加速发展，增强经济的竞争力和发展潜力、发展后劲，城市化的发展又能加快经济社会发展的步伐，使经济社会发展进入更高的层次、更新的领域、更广的空间，可见城市化和经济社会发展息息相关、相辅相成、相互促进。

　　尽管城市化是经济社会发展的自然而然的过程，但城市化的推进和发展需要资金的支持是不争的事实。政府的财政资金是城市化发展过程中不可或缺的，尤其是现代城市化发展，没有政府财政的资金支持和资金投入，城市的基础设施建设、城市面貌的改善难以推进，城市的功能难以发挥，城市化的发展也是举步维艰的。而财政资金又和财政体制息息相关，财政体制是规范政府间财力分配的依据，决定着政府职能的范围和活动空间，财政体制和城市化密不可分。我国地方财政体制主要有"市管县"和"省管县"两种模式。从2009年以来，我国除民族自治区以外的省份全面推行"省管县"的财政体制改革，但在"省管县"财政体制推行的过程中，无论是理论界还是实际部门，一直存在对"市管县"和"省管县"两种体制模式的争论。主张财政"市管县"的认为，"省管县"不利于城市化的发展，这在一定程度上影响了财政"省管县"改革的推进。

财政"省管县"是不是有利于城市化发展，不能简单地就理论而理论，要用事实来说话，要用实践来论证。从改革开放以来，我国财政上一直实行"省管县"模式的浙江省实践来看，财政"省管县"模式更有利于城市化的发展，更有利于新型城市化的发展。改革开放以来，浙江省的城市化和浙江省的经济一样，一直走在全国的前列，城市化率一直高于全国的平均水平。2013年，全国城市化率为53.7%，浙江省达64.0%，比全国平均水平高出10.3个百分点。从浙江省的实践看，和财政"市管县"相比，财政"省管县"的最大好处一方面是有利于基本公共服务均等化的实现。财政"省管县"发挥了省级财政的作用，尤其是发挥了省级财政的调控功能，通过省级财政的转移支付，把财力重点向经济落后地区倾斜，加大对落后地区的财政移支付，避免财政"市管县"导致的"市刮县"现象或发展差距不断扩大的现象，使经济落后地区也和经济发达地区一样有能力和财力解决和提供基本的公共服务，确保区域经济社会发展的均衡发展。另一方面是有利于县域经济的发展。县域一直是我国经济社会发展的基础，财政"省管县"把发展经济、培养财源的自主权更多地让渡给县一级政府，扩大了县一级政府的自主权，调动了县一级政府的积极性，有利于县域经济和社会事业的发展。而县域经济的发展和基本公共服务均等化的实现使城市化发展有了基础，为城市化的发展创造了条件，更有利于就近城市化，避免了城市化发展带来的"城市病"，符合发展中国家的城市化道路，符合新型城市化道路。当然，财政"省管县"对中心城市的发展也会带来一定影响，因为在既定的财政"蛋糕"内，给基层财政更多的财力了，市级财政的财力就要减少，这是事实，但只要做到统筹兼顾，扬长避短，是能够实现市级和县级财力的平衡分配的。

党的十八届三中全会提出"完善城镇化健康发展体制机制，坚持走中国特色新型城镇化道路，推进以人为核心的城镇化，推动大中小城市和小城镇协调发展、产业和城镇融合发展，促进城镇化和新农村建设协调推进"。国家新型城镇化规划（2014—2020年）明确了我国城镇化在2020年"常住人口城镇化率达到60%左右，户籍人口城镇化率达到45%左右，户籍人口城镇化率与常住人口城镇化率差距缩小2个百分点左右，努力实现1亿左右农业转移人口和其他常住人口在城镇落户"的发展目标。新型城市化是我国经济社会发展的重要组成部分，是国家发展的战略重点。而财政体制和城市化的发展又是密不可分的，"省管县"财政体制的改革必须和新型城市化发展战略结合起来，把财政"省管县"和"市管县"的优势结合起来，建立更加有利于新型城市化发展的"省管县"财政体制，使"省管县"财政体制改革和新型城市化发展相得益彰、共同促进、共同发展。

第一，适当增强省级财政的调控能力，确保新型城市化建设的协调推进。城市化建设需要有投入，难在资金的"瓶颈"制约，这是城市化建设面临的共性问题，经济落后市县的压力更大、困难更多。解决城市化建设的资金问题更多的是依靠市场的力量，政府主要解决一些基本的公共投入问题，在这方面设计科学合理的财政体制能发挥有效的作用。在中央和地方分税制财政体制明确的前提下，省以下的分税制财政体制改革，省级财政必须要有一定的调控能力，也只有省级财政有一定的调控能力，区域之间的公共服务均等化、区域之间的城市化建设协调推进才能实现，省级财政有这方面的职能和职责，也有这方面的条件和优势。在省级财政和市县财政体制的设计上，省级财政必须集中一定的财力，主要从经济发达地区集中更多的财力，再通过财政转移支付的形式，加大对市县尤其是经济落后地区、民族地区、偏远地区、革命老区的市县财政转移支付，使经济欠发达地区的市县有能力、有实力提供基本的公共服务、推进城市化建设，以改变因经济发展水平不同而出现可用财力的"苦乐不均"现状，使财政"省管县"的优势得以体现，得以发挥。

第二，调动中心城市的积极性，发挥市级财政在新型城市化建设中的作用。新型城市化建设既涉及城市规模的扩大，又涉及城市功能的合理配置，以发挥城市更大更好的辐射带动作用，这要求做好城市化的统筹规划和资源的优化配置，以避免城市化带来的重复建设、盲目建设，导致资源的浪费，中心城市在这方面往往能够起到引领和带动作用。因此，在财政"省管县"体制改革的过程中，必须发挥市级财政的作用，调动市级财政的积极性。虽然财政"省管县"后市级财政没有给所属县市财力转移支付的职能，但基于区域经济社会统筹发展的需要，加上不少市级财政尤其是经济发达地区的市级财政有这方面的能力和愿望，并有相应的财力支撑，省级财政要给予积极引导、鼓励和支持，对市级财政用于对所属县市的财力转移支付，省级财政要给予一定的政策支持或财力配套支持，使市级财政把更多的资金用于对所属县市的财政转移支付，从而更好更快地推进区域均衡发展和城市化的协调，以实现地方各级政府财政之间的"共赢"。

第三，地方财力更多向基层财政倾斜，实现就近城市化。新型城市化的核心是人的城市化，使农村人口能够进得了城市，城市又能留得下农村人口，并让他们在城市能够生存和发展，即"进得了，留得下，有所发展"。"人口多、底子薄、地区发展不平衡"的国情特点决定了我国的城市化道路，除了发展大中城市之外，还要重视中小城镇的发展。发展中小城镇、实现就近城市化的成本低，符合国情，能够避免大中城市盲目扩张带来的交通拥挤、就业困难等问题，是我国城市化的有效途径。这就要解决分税制财政体制改革以来，随着政府职能的扩大和民生事业发展的需要，体制上"事权扩大和财力上移"所导致的基层财政困难，使得基层财政难有资金安排用于中小城镇建设的问题。而财政"省管县"，省财政直接和县市财政体制挂钩，有利于基层财政困难问题的解决。在省以下财政体制制定上必须按照"事权和支出责任相适应"的要求，财力适当向基层财政倾斜，给基层财政留足必要的财力，使基层财政有能力发展教育、卫生、科技、文化等公共事业，以推动中小城镇的发展，增强中小城镇辐射能力，以吸引更多的农村人口流入中小城镇，实现就近城市化。

第四，推进县改区的行政体制调整，扩大中心城市的发展空间。中心城市是一定区域的中心，资本、人才、技术等要素在此集聚，辐射和带动的范围广、影响大，且有得天独厚的市场优势和竞争优势，发展中心城市及由中心城市组成的城市群是城市化建设的重要组成部分，甚至可以说是城市化的重点。财政"省管县"对中心城市的发展有一定的影响，但这种影响是有限的，也是可以协调的。那如何避免或减少财政"省管县"给中心城市发展带来的影响，协调财政"省管县"和发展中心城市的矛盾？国家在地方财政"省管县"的大前提下，积极推进中心城市周边县市的行政体制改革和行政区划调整，稳步、适当地将中心城市周边的县市改为中心城市所辖区，即县市改区，扩大中心城市发展的空间，增强中心城市的功能，实现区域范围内的产业合理布置、公共服务的优化配置，避免产业的无序竞争和公共服务重复配置带来的损失和浪费，把财政体制的"省管县"和"市管县"的优势与中心城市的城市化发展和中小城镇的协调发展的优势结合起来，促进中心城市更好更快地发展。

第四章　地方财政改革推陈出新

财政分类改革促进区域均衡发展

区域发展不均衡是客观事实，促进区域均衡发展是政府财政的职责所在。改革开放以来，浙江省财政针对地方财力基础薄弱和地区发展不均衡的实际，先后实施了"两保两挂""两保两联""两保一挂""分类分档激励奖补机制"等财政举措，把财政改革和地方经济社会发展的实际结合起来，把激励机制和约束机制结合起来，调动地方政府当家理财的积极性，促进了地方经济社会发展，改变了财政发展面貌。1978年，浙江省财政总收入仅为27.45亿元，2017年达到10 300亿元，总收入突破万亿元；1994年，浙江省一般公共预算收入仅为94.63亿元，2017年达到5803亿元。更重要的是，在此过程中促进了区域经济社会的均衡发展，实现了基本公共服务的均等化。浙江省经济相对不发达县市的人均财政支出与经济较发达县市的比，从2005年的1：1.21调整为2016年的1：1.04。

浙江省选择了"分类管理、全面推进"这一道路进行财政改革。尽管改革的难度更大、要求更高，但浙江省创造性地把国家的政策和地方实际结合起来，走出一条有地方特色的财政改革之路。

一是区域均衡发展的需要。由于各地的自然环境、资源禀赋、文化历史的不同，区域发展不均衡是客观存在的，我国东西、南北之间存在较大的差距，浙江也不例外。尽管浙江的区域面积不大，仅10万平方千米多一点，但浙江的自然条件并不优越，"七山一水两分田"，缺油少煤，是名副其实的区域小省、资源小省。同时，浙江又是国家的海防前线，在改革开放之前，国家对浙江几乎没有投资，国家156个重点项目一个都没有落户浙江的，浙江的经济社会发展水平长期落后全国的平均发展水平。1953—1978年，浙江地区生产总值年均增长率为5.7%，比全国平均水平的6.1%低。

1978年，浙江人均生产总值为331元，比全国人均GDP的381元低。1978年，浙江农业比重比全国平均水平高10个百分点，而第二、三产业的比重则比全国平均水平低5个百分点。改革开放以来，浙江积极利用国家的政策，发挥体制机制的优势，经济发展迅速，以乡镇企业、个体私营企业为特色的经济迅速崛起，但是浙江也存在发展不平衡、发展不充分的问题：浙东北的杭嘉湖宁绍地区发展得相对较快，而浙西南的衢州、丽水等地相对落后，还存在文成、泰顺、景宁等3个国家级贫困县，永嘉、云和、青田、武义、磐安等5个省级贫困县。经济发展的滞后和区域发展的不均衡，使得浙江财政选择了分类管理的财政改革以突破发展瓶颈。

二是保护生态环境的需要。生态保护和经济发展是矛盾对立的统一，经济发展往往会导致环境的破坏，同时经济发展、经济实力的增强又有利于环境的保护，如何在经济发展和环境保护之间找到平衡点，实现经济和环境的协调发展，是经济发展的难题。从世界各国的发展过程看，大多经历过"经济发展—环境破坏—环境治理"的发展过程。如何避免经济发展和环境破坏的矛盾，走人与自然和谐发展的道路，是各地经济发展面临的共同问题。浙江是以山区丘陵为主的省份，发展经济的条件可想而知，而山区丘陵地区往往是经济相对落后的地区，又是生态保护的地区、生态屏障地区，则生态保护、生态治理的压力特别大，一些地方以牺牲环境为代价的发展是得不偿失的，发达国家有过这方面的教训。因此，要转变发展观念，树立"绿水青山就是金山银山"的发展理念，坚持绿色发展的道路是浙江经济发展的必然选择。浙江在经济发展过程中一直重视对环境的保护，把绿色发展、生态省建设摆在突出位置，按照经济社会发展的功能要求，该发展的要加快发展，该保护的要不遗余力地保护，保护也是发展，是财政的职责所在。因此，缓解经济发展和环境保护的矛盾需要财政采取分类管理的政策，把发展和保护统一起来，推进经济社会的可持续性发展。

三是适应财政体制改革的需要。财政体制改革，财政的"分灶吃饭"，尤其是分税制改革的实施，进一步理顺了中央和地方的财政分配关系，明确了地方财政的发展思路。但是，分税制财政体制除了理顺中央财政和地方财政的分配关系之外，还要达到提高财政收入占GDP的比重和提高中央财政收入占财政总收入的比重目标，即提高"两个比重"。在国民收入总"蛋糕"既定的前提下，中央财政占比提高了，必然影响地方财政。那如何发展地方经济，做大地方财政的"蛋糕"？地方财政必须结合实际，积极调整产业结构，大力发展服务业，加大对实体经济的支持力度，夯实财源基础。同时，要加强对地方小税种的培养，把小税种培养成大财源。因此，财政体制的调整和财源结构的变化，也需要采取分类指导的财政政策，以便在相同的体制机制条件下，取得更好的效果，发挥好体制机制的作用。

四是加快公共财政建设的需要。随着改革的推进，尤其是邓小平"南方讲话"以后，我国加快了改革开放的步伐，党的十四大提出我国改革的目标是建立社会主义市场经济体制，与社会主义市场经济体制相适应，把我国财政改革定位为建立公共财政体制。公共财政体制是适应社会主义市场经济体制，是财政改革和发展的必然要求。公共财政最核心要义是要为社会提供公共产品和公共服务，满足社会公共需要。这对财政的职能和职责提出了新要求，财政工作必须体现公共、公平的要求，包括城乡之间、地区之间的公平，这样财政的职能范围就扩大了。财政工作更多体现"雪中送炭"，弥补市场缺陷，维护市场的公平和公正。而长期以来，我国财政的职能是不全面、不充分的，财政工作的重点在城市，对农村的支持相对较少，城乡差距比较大，同样，财政在扶持区域均衡发展方面也存在同样的问题，区域之间的公共服务的差距大。要解决城乡之间、区域之间发展的差距、公共服务的差距，就需要有更强大的财政，财政政策更要因地制宜，对不同地区财政政策要有所区别，以体现财政政策的公平公正，推动公共服务均等化的实现，财政职能的完善，这客观上要求采取分类财政管理办法。

五是调动地方政府当家理财积极性的现实需要。一级政府，一级事权，一级财政。事权是财权的基础，财权是事权的保障。我国有中央和地方政府，地方又有省、市、县和乡镇四级政府。在省以下的四级政府中，如何调动地方政府当家理财的积极性，是地方政府面对的课题。在我国，长期以来中央财政对地方及地方政府间的财政转移支付制度，一直存在鞭打快牛的现象，即上级财政对下级财政的转移支付，一直采取下级财政收入增长，上级财政减少财政转移支付的做法，这样做虽然有利于缓解上级财政尤其是中央财政的困难，但不利于调动地方财政尤其是市县财政的积极性。浙江以下财政实行的是"省管县"的财政体制，为调动市县财政的积极性，把激励和约束机制结合起来，共同做好发展的文章，培养好财源，壮大财政，推动经济社会事业发展，改善民生和社会福祉，需要采取分类指导的财政政策。

作为改革开放的先发地，浙江财政敢为人先，从地方实际出发，创造性实施促进区域均衡发展的财政政策，使财政是国家治理的基础和重要支柱的职能作用得到了充分的发挥，推动了区域的均衡发展，确保了浙江财政改革"干在实处，走在前列，勇立潮头"，这不仅为全面深化财税体制改革积累了借鉴经验，而且为推进地方财政改革提供了有益启示。

第一，提高省级财政的调控能力，做好财政促进区域均衡发展的顶层设计。

分税制改革以来，随着国家财政职能的不断扩大，国家不断下放事权，地方财政的收支矛盾突出、压力大。地方政府如何当家理财，使地方政府职能得以实现，经济发展方式得以转变，省级财政的地位凸显，这就要求重视省级财政建设，重视发挥省级财政的调控能力，确保省级财政在均衡区域财力、推进区域均衡发展、实现基本公共服务均等化等方面能够发挥有效作用。分税制财政改革以来，浙江于 1995 年出台了"两保两挂"的财政政策；1996 年出台了"两保两联"的财政政策；2003 年对"两保两挂""两保两联"和"三保三挂"等政策进行归并，出台了"两保两挂"和"两保一联"政策；2008 年又对"两保两挂"和"两保一联"政策进行归并，出台了"分类分档激励奖补机制"。不管政策如何调整，1994 年以来浙江财政为了保证省级财政有一定的调控能力，明确了对县市的财政体制，并且省财政对市、县（市）财力增量集中 20%。分税制以来，不管省对县市的财政体制和财政政策如何改革和调整，新增财力集中 20% 始终没有变，确保了省级财政的调控能力。如果不重视省级财政作用的发挥，把均衡区域发展的重任寄托于市级财政，虽然市级财政也有这方面的功能，但市级财政发挥作用的空间毕竟有限，而区域发展的不平衡，其结果可能会导致"富者越富，穷者越穷"的马太效应，这对地区之间的均衡发展是不利的。在中央和地方分税制财政体制明确的前提下，省级财政必须要有一定的调控能力。只有省级财政有一定的调控能力，区域之间的公共服务均等化，区域之间的城市化建设协调推进才能实现，省级财政有这方面的职能和职责，也有这方面的条件和优势。因此，必须重视省级财政建设，增强省级财政的调控能力。同时，省级财政要把更多的资金用于转移支付，用于均衡地区之间、城乡之间的财力差异，加大对市县尤其是经济落后地区、民族地区、偏远地区、革命老区的市县财政转移支付，使经济相对落后地区的市县有能力、有实力提供基本公共服务、推进城市化建设，以改变因经济发展水平不同而出现可用财力的"苦乐不均"，使经济相对落后地区也有能力推进民生事业发展，实现基本公共服务均等化。

第二，增强县级财政提供公共服务的能力，夯实财政促进区域均衡发展的制度基础。

县级财政是国家财政的基础，自秦始皇建立郡县制以来，县级政府是我国的主要基层政府。在全国五级政府中，2000余个县市是国家财政收入的重要来源，是基层公共服务的主要提供者。"县市强，则国家强；县市稳，则政权稳。"党的十七届五中全会决议专门提出"要增强县级政府提供公共服务的能力"。从浙江的情况看，虽然县域经济比较发达，县市经济社会发展势头良好，但县市之间的发展仍然不平衡。分税制改革以来，浙江省根据经济发展水平，按照分类指导的原则，大体把县市分成三类：第一类是经济发达的县市，第二类是经济相对落后的县市，第三类是介于第一类与第二类之间的县市。对不同发展水平的县市采取分类指导的政策，促进了县域经济社会的发展和基本公共服务均等化的实现。但如果进一步细分，就容易发现这种划分也存在不合理的一面，有些地方虽然经济比较发达，但人口多，人均财力低，财政反而比较困难。有些地方发展不平衡，财力分布不均衡。有些县虽然经济欠发达，但人口少，省级财政的转移支付力度大，人均财力并不低，如一些海岛县。面对分税制改革以来，"财权向上集中，事权向下转移"的现实，要增强县级政府提供公共服务的能力，解决基层财政问题，根据财权和事权相适应原则，只能从财力着手。在国家和地方财政分配关系没有调整的前提下，从地方来说，要从财政收入水平、人口数、县域面积等因素考核，在地方的支出水平大体相当的前提下，按照基本公共服务均等化的要求，对基本公共服务最低标准达不到的财政困难县市给予重点倾斜，确保县级政府能够提供基本公共服务。

第三，注重财源培养，确保财政促进区域均衡发展的财力支撑。

在生财、聚财、用财三者关系中，生财是基础。没有生财，也就没有聚财和用财，必须始终把生财放在政府理财的突出位置，可以说，发展经济、培养财源、增加财政收入是政府的职责，也是经济社会事业发展的基础。浙江财政的分类管理改革始终把财源建设作为政府理财的基础，作为财政工作的出发点，县市要想得到省级财政更多的财力转移支付必须建立在经济发展、财源壮大的基础上，从而使全省上下形成同向思维，共同做大财政"蛋糕"。但财源建设必须和我国的国情和地方实际相结合，必须考虑我国资源的稀缺性，从总量看，我国是资源大国，但按人均情况看，我国则是资源小国。我国人均国土面积仅12亩（1亩=666.67平方米），为世界人均量的29％。我国的山地丘陵占国土的2/3；半干旱、干旱地区约占国土的1/2。东半部半湿润、湿润地区集中了90％以上的人口，每平方千米225人，特别是在沿海和平原地区，生存空间狭小。各类资源的人均量是：人均耕地1.7亩，仅为世界平均数的1/3；人均草地5亩，为世界平均数的1/2；人均森林面积1.5亩，为世界平均数的1/6；人均森林储积量为世界平均数的12.2％；人均水资源是2300多立方米，为世界平均数的1/4；人均可开发的水力资源装机0.31千瓦，所占比重最大，也仅为世界平均数的3/4；人均矿产储量总值在1万美元左右，至于各类矿产资源如果按13多亿人口平均计算，绝大部分均低于世界人均占有量。资源的稀缺性，需要我们在财源建设上必须做出科学的选择。我们应该清醒地认识到，改革开放以来，我国经济迅速发展，主要靠的是体制优势和机制优势，即市场取向的经济体制改革和产权相对明晰的民营经济的大力发展，利用廉价的劳动力和廉价的土地、资本等要素资源，形成了以加工工业为特色的经济结构。随着改革的不断推进，地方发展经济的体制优势和机制优势逐步丧失，而生产要素对经济的制约越来越严重。地方经济要进一步发展，创造新的辉煌，必须转变经济的增长方式，重点发展能耗低、附加值高的产业和行业，培养好主体财源。在市场竞争日益激烈的今天，如何培养财源、壮大财力，关键是培养主业，建立稳固的财源。无论是经济发达地区，还是经济欠发达地区，由于自然历史和资源禀赋的区别，各地发展经济的条件和基础是不一样的，但每个地方都有自己的比较优势，都可以寻找到符合地方实际的发展道路，培养出地方的主体财源。一般来说，经济发达地区有先发优势，财力雄厚，发展的条件和基础好，有了一定的积累，经济发展可以走高端之路，重点发展科技含量高、市场竞争力强的产业和产品，培养主导产业和主体财源；而经济欠发达地区也有后发优势，一般集中在资源和生态源头地区，这些地区资源相对丰富，可以通过资源开发，发展资源型和资源深度开发型经济，或者开发生态经济，把"绿水青山"变成"金山银山"，同样可以培养主导产业和主体财源。

第四，发挥好财政资金的导向作用，强化财政促进区域均衡发展的政策功能。

财政收入来自国民经济的发展，而一定时期的国民收入的"蛋糕"是既定的，政府的财政收入是有限的，而经济社会发展对财政收入的需求是无限的。如何处理好有限和无限、需要和可能的矛盾，缓解财政的困境，地方政府要按照"四两拨千斤"理财方法的要求，用财政资金的"四两"拨动社会资本的"千金"，用财政资金撬动社会资金来弥补财政的不足，花财政的"小钱"办经济社会事业发展的"大事"。在浙江财政的分类管理改革中，省级财政对县市财政的转移支付是有限的，正是有限的资金发挥了"四两拨千斤"的作用，调动了县市发展经济、做大做强财源"蛋糕"的积极性。在全面深化财税体制改革、加快建立公共财政体制的过程中，必须发挥好市场在资源配置中的决定性作用和政府的重要作用，让市场成为资源配置的主体。因此，政府在财政资金的使用和投入中，要更加注重发挥财政资金的导向和经济杠杆作用。如政府支持公共项目建设，推广政府和社会资本合作的PPP模式。对一些预期有稳定收入来源，经济社会发展又必须发展的铁路、高速公路、地铁、机场、港口码头、城市污水处理等基础设施和基础建设，要更多运用社会资本，既可以解决基础设施和公共项目投资的资金问题，又能为社会资本寻找投资渠道，打破行业垄断，实现经济社会事业发展和社会资本投资收益的"双赢"。又如政府采用政府产业引导基金的形式支持经济发展。以往政府支持经济发展主要通过财政专项资金的形式，而政府产业引导基金是政府支持经济发展的新形式。政府产业引导基金不同于财政专项资金，主要采取有偿使用的方式，通过投资、入股、参股等方式，引导社会资本投资一些政府鼓励和支持的电子信息、现代制造、旅游健康、金融保险等新兴产业，实现经济结构的调整，同时又确保政府产业引导基金的壮大。企业技改的财政贴息、允许企业加速折旧等鼓励企业发展的财政政策都是发挥财政资金"四两拨千斤"的有效形式，如此等等。地方政府在财政资金的使用安排上要更多发挥财政资金的导向作用，引导社会资本为我所用。

第五，注重对财政风险的防范，实现财政促进区域均衡发展的可持续性。

财政风险是财政运行过程中客观存在的，不以人的意志为转移。财政没有发生风险不等于财政没有风险，只是没有发生或没有被意识到。长期以来，政府对财政风险的重视程度是不够的，总认为"财政年年困难年年过"，对财政风险缺乏足够的认识。欧债危机的爆发及欧债危机所造成的危害，使社会对财政风险有了更清醒的认识，即财政不是取之不尽、用之不竭的，财政是有风险的，财政的风险是有破坏性的。分税制改革以来，浙江推行的"两保两挂"等财政分类管理改革措施的出发点是发展地方经济，化解地方财政困难的风险。同时，政策的推进又把防范财政风险作为前提，县市财政要得到省级财政转移支付的前提是要保持财政收支平衡并逐步消化历年财政累计赤字。浙江财政健康平稳运行和财政分类管理改革把风险防范放在突出位置的改革初衷是分不开的。当前，我国政府财政尤其是地方政府财政最大的风险是债务风险。债务不同于税收收入，税收收入是国家凭借政治权力取得的收入，具有强制性、无偿性、固定性的特点，是不需要偿还的，而债务是以政府信用为担保的，是需要偿还的。对债务应该要有清醒的认识，债务是一把"双刃剑"，管理和使用不好是要出问题的。在当前的我国，地方债务不仅规模大、分布广，而且增长快、还债高峰集中，尽管地方债务风险总体可控，但地区分布不均衡，有些地区已超出债务率100%的警戒线，给地方政府财政造成很大的压力，是地方政府财政风险的最大隐患。对地方债务要严格按照预算法的要求进行管理，以规避财政风险。对地方存量债务要采取疏导结合的方式进行化解，要按照国务院、财政部的要求通过发行置换债券的形式予以置换，这不仅能确保地方政府到期债务的偿还，更重要的是降低了债务成本，减少了利息负担，减轻了地方财政还债的压力；对地方新增的债务要按照"开前门、堵后门"的要求，根据地方政府的债务率区别对待，用好债务政策，并严控新增债务的规模。同时，要避免不规范的新债务产生。对地方政府的融资平台要进行清理，让其真正转为企业融资平台；对政府与社会资本合作的PPP项目要规范操作，避免假PPP项目或不符合PPP要求的项目的出现，以致PPP项目变成地方政府债务，增加地方财政风险。

西湖免费开放折射公共产品的价值回归

经济学把社会产品分为纯公共产品、私人产品和准公共产品或混合产品。一般来讲，纯公共产品是指每个人消费这种物品或劳务不会导致别人对该种产品或劳务消费的减少，不会影响别人的消费。纯公共产品具有效用的不可分割性、消费的非竞争性和受益的非排他性等特点。而凡是可以由个别消费者所占有和享用，具有敌对性、排他性和可分性的产品就是私人产品。介于二者之间的产品被称为准公共产品。通俗地说，主要从社会产品的属性区分，公共产品是每个人的使用不会影响他人的使用，即每个人都可以享有和消费的社会产品。像西湖之类的城市公园，有些地方是作为公共产品免费向市民和游人开放的，有些地方是作为私人产品要收费的，有些地方则作为准公共产品象征性地收费。关于公园到底是公共产品还是准公共产品，到底要不要收费，社会上是有争议的，学界也是有争议的。正当一些城市为了经营城市的需要，为了实现更多的创收，纷纷把免费公园改为收费公园，不断提高公园、景区票价，甚至把公园、景区包装上市之际，杭州独具慧眼，另辟蹊径，反其道而行之。杭州市政府出台新政，打通西湖边的各类收费公园，从2002年10月起规定西湖免费向市民和游人开放，还湖于民，走出公园要不要收费的"囚徒困境"。这一举措实现了公共产品价值的回归和城市品质的提升，引起了社会的关注和广泛的社会影响。

公园的免费开放，切断了公园的收费来源，要维持公园的运转，需要公共财政的支撑，否则，公园得不到维护和保护，公园的免费开放就会进入困境。杭州免费开放西湖后，政府对西湖不是不管，而且加大治理的力度和管理的力度，对西湖进行了全面综合治理，提升西湖的品质。"上有天堂，下有苏杭。""天下西湖三十六，最美在杭州。"杭州西湖的名声在外，西湖的美源远流长，但这种美是由长期的保护和历史文化的积淀形成的。因为西湖这一带以前是海湾，是钱塘江的泥沙冲击而形成的。隋唐以来，随着京杭大运河的开通、经济的南移，杭州才发展起来。历史上历朝历代对西湖多次进行整治，大家比较熟悉的有白居易治理西湖，解决了农业的引水灌溉和百姓的日常饮水问题；苏东坡对西湖的治理，留下了苏堤和三潭印月；等等。21世纪以来，政府加大对西湖的治理，公共财政加大对西湖的投入，凸显了公共产品的公共性。杭州市政府先后对西湖南线进行整治，拆除了公园之间的篱笆和围墙，贯通了六公园、柳浪闻莺、长桥公园，整修了湖边的道路，恢复并重建了雷峰塔，使雷峰夕照得以重现；对西线进行拓宽，使湖水向西延伸，恢复了浴鹄湾、茅家埠等景点，重修了杨公堤，再现了杨公堤上的"六桥烟云"；对北线进行改造，把北山街上的古宅老房全面翻修，把曾经出租给私人改为会所的全部收回，再根据民宅的特点和当年的布局，有的改为博物馆、展览馆、纪念馆，有的改为园林，有的改为宾馆饭店、咖啡馆，向市民和游人开放；并定期对西湖进行清淤，引进钱塘江的水，让平静的湖水成为流动的活水，改善西湖的生态。2001—2011年，杭州连续10年实施西湖综保工程，恢复了西湖"一湖双塔三岛三堤"的历史大格局；拆除了影响西湖景观的60万平方米的建筑，搬迁了景区内265家单位、2791户居民；恢复了0.9平方千米的西湖湖面；恢复建设了100万平方米的公共绿地；完成了西湖疏浚工程及引配水工程；恢复、重建、修复了180余处人文景点。应该说，杭州市政府对西湖及其周边环境的维护改造、整理修缮是空前的。

同时，杭州市政府加大了城市基础设施建设，大力改善西湖周边的交通。西湖免费开放还要方便市民和游人的出行，既进得了，又留得住。政府在西湖公园和环境治理的同时，加快了交通基础设施建设，改善了公共交通，推广了绿色交通，鼓励低碳出行，方便了市民和游客。一方面，加快改善城市的道路建设。杭州市政府把城市道路建设作为为民办事、提升城市品质、增强竞争力的有效手段，先后推出"三口五路""一纵三横""背街改善""庭院整理"等民生工程，以改善城市的交通道路。另一方面，大力发展公共交通。为增强西湖的吸引力，保持西湖的青山绿水、蓝天碧云，杭州市对西湖的环境进行治理。首先，政府购入大批公共自行车，在城区和公园设置公共自行车投放点，供市民和游人出租使用；其次，投入使用电瓶车，可在西湖四周循环运转，供市民和游人自由乘坐；再次，引入新能源汽车，淘汰污染落后的公共汽车，把公共汽车改为使用新能源汽车，减少汽车尾气对西湖周边环境的破坏；最后，加强对西湖周边的管理，强化保安、保洁、绿化等工作，给人舒心和美化的感觉，使市民和游客更放心和更安全。

投入是为了产出。为了保护西湖，政府的投入是不遗余力的，尽管这种投入是看不到产出、没有直接的经济效益，但间接的社会效益出现了，西湖周边的环境改善了，西湖变得越来越美，来杭州旅游的人越来越多，杭州在国内外的知名度越来越高。同时，西湖的免费开放产生了意想不到的效果，2011年西湖被联合国教科文组织列入《世界遗产名录》。西湖的免费开放，虽然让政府的门票收入减少了，但杭州的旅游业却发展起来了，这是由旅游业的特殊性决定的。旅游业作为新兴的产业，被称为无烟产业，旅游的利润不仅仅是门票收入，旅游业的发展带来人流，带动物流、资金流、信息流等，进而带动宾馆饭店、餐饮购物、交通运输等产业的发展，可见旅游业有很长的产业链和很大的带动作用。发展旅游业不能只看到门票这一块的收入，更要看到旅游业的带动效应。西湖免费开放，政府减少的是门票收入，这是小钱，但通过小钱的"四两拨千斤"产生了大钱，发展了杭州的旅游业，提升了城市的管理水平和服务水平。近些年来，杭州旅游产业不断增长，2014年来杭旅游总人数为1.09亿人次，杭州全市旅游总收入已经达到1886.33亿元，增长了17.63%，旅游业生产总值占市生产总值的6.6%，占服务业的11%。其中，国内旅游业总收入达到1743.88亿元，绝对值列全国第五，休闲旅游投资竞争力和综合旅游的投资竞争力均排名全国第一。同时，西湖免费开放及杭州投资环境的改善，吸引了大量的外来资本和高素质人才，使杭州的新经济迅速崛起，让杭州和北京、深圳等一线城市一样，成为最有活力的新兴产业城市之一，同时，产业得到了转型，经济保持了持续健康稳定发展。

提供公共产品、满足社会的公共需要是政府的基本职能，是公共财政的职责所在。西湖的免费开放，所达到的效果、所产生的效应，以及政府如何更好提供公共产品，满足公共服务需要，在许多方面是值得思考和借鉴的。

第一，政府提供公共产品时要处理好和市场的关系。政府和市场的关系是经济学永恒的主题，十八届三中全会提出要发挥市场在资源配置中的决定性作用和政府的重要作用，这是处理政府和市场的关系的基本尺度。市场经济必须发挥市场配置资源的决定性作用，树立"大市场、小政府"的理念，凡是市场能够作用到的地方、作用到的领域、作用得比较好的，就要发挥市场机制的作用，让市场主动去调节，政府千万不能越俎代庖、与民争利，从而实现市场在资源配置中的决定性地位。只有那些市场作用不到或市场不愿作用的地方，如提供公共产品、调节区域经济社会发展、促进城乡统筹、维护弱势群体的利益等，这些存在市场缺陷的地方，政府要积极主动且全力介入，使政府和市场有合理的分工，把市场"无形的手"和政府"有形的手"结合起来，以保持市场健康平稳运行。西湖是经过千百年来保护整治而形成的，作为公园是城乡居民和游人休闲、健身的场所，属于公共产品的范畴，应该由政府来提供，使人人都能够享用；而公园内的商场、茶楼、饭店等属于私人产品，应该由市场提供，从而为公园提供更好的配套服务。当然，有些地方政府由于受财力的限制，采取收费的形式有偿提供，以维护公园的运转和开发，这自然限制了居民对公园的消费，但这只能作为一时之需。从长远看，公园只有无偿开放，也只有无偿提供，才能发挥公园的效用，实现公共产品的价值回归和政府职能的归位。

第二，政府提供公共产品要着眼长远。政府作为市场规则的制定者和市场秩序的维护者，提供公共产品和公共服务时，必须转变观念，学会算账。处理好小账和大账的关系，眼前账和长远账的关系，经济账和经济、政治、文化、社会综合账的关系，物质账和精神账的关系，做到科学提供、有效提供、合理提供公共产品和公共服务。西湖免费开放，政府每年减少了一笔不菲的门票收入，对当期的政府收入、对公园景区维护的影响是大的，但相对于西湖免费开放以后产生的效应，这笔收入又是小的。政府放弃小的获得了大的，且赢得了声誉，这又不是金钱能够衡量的。因此，政府提供公共产品和公共服务时不仅要会算账，而且要会算大账，因为政府不同于企业，不以追求经济利益为中心。政府作为公共产品和公共服务的提供者，要把小账和大账、眼前账和长远账、经济账和政治账、物质账和精神账结合起来，更多考虑长远效益和社会效益，以及政府应当承担的职责，使公共产品和公共服务的提供更有效，更符合经济社会发展，更符合城乡居民的需要。

第三，政府提供公共产品要统筹规划。统筹公共资源的开发，既然提供公共产品是政府的职责，是市场所不能替代的，政府就不能寄希望于市场的作用。即使政府受财力限制，提供的公共产品还不能满足市场需要或离市场的需求还有距离，但政府也要统筹规划，按照公共产品提供的轻重缓急，分步实施，我国在这方面是有教训的，如农村的义务教育，为了解决农村适龄学生就近入学的问题，我国政府投资修建了大量的农村学校。但随着人口的老龄化和家庭的小型化，不少农村学校招不到学生，又由于教育布局的调整，大量的农村学校闲置，造成教育资源的浪费。农村医院也曾出现过同样的问题，不少地方曾经低价出售农村医院，这些农村医院转变为民营医院，随着农村新型合作医疗改革的实施，又花高价把转让的民营医院高价收回，造成资金的浪费。西湖免费开放是个综合工程，如果仅仅免费开放，不做相应的维护和管理，西湖的免费开放是不可持续的。杭州市政府是在西湖整治改造的同时，对西湖实行免费开放，并针对西湖的维护、管理出台了相应的政策，提供了必要的财力支持，从而使西湖的免费开放和旅游业的发展同步。因此，政府在配置公共资源、提供公共产品时，必须要做好顶层设计，按照统筹城乡经济社会发展和区域均衡发展、基本公共服务均等化的要求提供公共产品。即使当前政府提供公共产品还不能满足和不能实现均等化的要求，但在制度设计上必须要有顶层设计，以避免不统一、不规范带来的浪费，从而使政府公共产品和公共服务的提供更加规范、更加公平。

第四，政府提供公共产品要量力而行，尽力而为。提供公共产品、公共服务是政府的基本职能，但社会主义初级阶段的基本国情，决定了政府提供公共产品、公共服务不可能是无限的，必须考虑到需要和可能的问题。西湖作为公园部分是免费的，但作为旅游景点和景区，如游湖也是要收费的，这不仅避免了景区人满为患的问题，而且增加了旅游收入，有效调节了旅游资源的配置。因此，政府提供公共产品和公共服务既要做到尽力而为，也要做到量力而行。一方面要尽力而为。由于受财力的限制，以及职能边界的不清晰和模糊，我国政府提供的公共产品是不充分的，存在政府职能的缺位和错位的问题，许多本应该由政府提供的公共产品，政府没有很好提供和提供不充分，离社会的需要和百姓的需求是有差距的。"民生无小事"，公共产品的提供关乎老百姓的生活，符合每个人的需要。公共财政的本质就是为社会提供公共产品，满足社会公共需要。政府的职责无非是"举众人之财办众人之事"。因此，政府提供公共产品要尽力而为，要集中更多的资金、挤出更多的资金用于提供公共产品和公共服务。另一方面要量力而行。由于公共产品、公共服务属于民生范畴，许多支出是刚性的，一旦发生了就是长期的，甚至是可上不可下的。因此，政府对公共产品和公共服务的提供必须着眼于大局，要通盘考虑，统筹安排，根据财力的可能和后续财力的保障量力而行，避免"寅吃卯粮"，给财政的可持续发展带来隐患。当然，政府在提供的方式上，可以采取直接提供，也可以采用间接提供，如政府采取购买服务的方式提供，发挥市场竞争机制的作用，以提高财政资金的使用效益。

统筹财政支农政策培训教材编写的实践思考

　　财政支农政策培训是宣传财政支农政策、确保财政支农政策更好落实、推进城乡一体化发展的有效途径，是财政支农工作开展的抓手。既然作为政策培训，要培训什么内容，采取什么形式培训，如何达到培训效果，都离不开培训教材。培训教材是培训的基础，是培训内容的来源，是培训课程安排、培训讲义准备、培训课件制作的依据。培训教材不是可有可无、要不要编的问题，也不是临时拼凑、一蹴而就的问题，是政策培训的基础性工程，是培训取得实效的基本保障，是开展培训必须要落实的工作。因此，开展财政支农政策培训必须高度重视培训教材建设工作，把教材作为培训的基础来抓。浙江每年初就开始布置落实符合培训需要的教材编写工作，从而为政策培训的开展、培训任务的完成起到保驾护航的作用。

　　首先，培训教材是财政支农政策宣传的载体。开展财政支农政策培训的目的是宣传财政支农政策，落实好财政支农政策，及时获取财政支农政策执行中存在的问题，以解决好"三农"问题，推进城乡一体化发展，从而实现乡村美丽、农业发展、农民增收的目标。政策宣传需要有载体，如报刊图书、广播电视、宣传海报等，而编写财政支农政策培训教材，可把财政支农政策进行汇总、分类和梳理，并通过政策培训，把教材发放到乡村公共服务平台、村民办事中心，发放到参加政策培训的学员手中，无偿赠送给农村干部及群众阅读。浙江每年免费发放培训教材近3万份，基本每位参加培训的学员人手一份，并发放到乡镇财政所、村民办事服务中心等与涉农有关的办事场所，供农民群众查阅，发挥了政策宣传的作用。

　　其次，培训教材是查找财政支农政策的工具。财政支农政策涉及范围广，有支持农业发展农机补贴、良种补贴等政策，支持农村发展康庄公路、危房改造等政策，支持农民增收的农村劳动力素质工程、下山脱贫等政策，还有支持农村教育、医疗、科技、文化、社会保障等方面的政策。政策涉及的部门多，如财政、发改、教育、人保、卫生、科技等政府部门。因此，与"三农"相关的部门多、有关的政策多，但无论如何，财政支农政策的共同点都涉及财政资金，由财政部门编写的培训教材，把和财政支农有关的政策编在教材里，基层干部、农村群众要了解财政支农政策，能够直接从培训教材中查找，即培训教材也是财政支农政策汇集的工具书。浙江从方便基层干部群众学习着手，在编写培训教材中，按照全面、系统、准备及时的要求，把财政支农政策编入教材中，既满足了培训需要，又方便了农村干部群众查阅，为基层干部群众实实在在地办了实事，办成了实事。

最后，培训教材是财政支农政策落地的纽带。国家出台财政支农政策，能不能达到政策目标，关键在于落实，使"三农"问题得到有效解决，使农村受益、农民受益，但要落实好政策，必须宣传好政策，让农村干部群众了解政策，知道哪些政策是农民能够享受的，是农民应有的权利；哪些政策是有条件的，是需要有项目支撑的；以及如何申报项目，如何申请补助等。而财政支农政策培训教材把和"三农"有关的政策进行了汇编，农村干部群众能够从中学到知识、了解政策，这有利于政策的落地，自然也成了联系政府和农民群众的纽带，体现了党和政府对农村发展的支持，把对农民的关爱送给农民，贴近党群关系、干群关系。浙江自财政支农政策培训开展以来，一直把培训教材定位为既是政策汇集的培训教材，又是了解政策的科普读物，是连接政府和群众、财政和"三农"的纽带，推动了培训的开展，推进了"三农"政策的落地，受到基层开展培训的肯定，受到农村干部群众的好评。

财政支农政策培训教材的重要性决定了必须重视培训教材的编写。浙江结合实际、结合经济社会发展的现状，组织编写有浙江特色、符合浙江培训需要的培训教材，在每年的培训工作计划中专门将其列入项目，并在年度预算中安排专项经费给予保障，确保了教材编写和修订任务的完成，实现了培训教材和培训政策、培训教材和培训需要相适应，为财政支农政策培训任务的完成并取得效果创造了条件、提供了可能，使浙江的财政支农政策培训不断推陈出新，走在前列。

第一，统筹规划设计培训教材。财政支农政策培训是一项长期的工作，长期的工作就要有长期的规划和计划。作为地方财政开展财政支农政策培训工作，使用的教材既要符合培训需要，又要符合培训宣传需要，还要符合培训对象的阅读需要，因此培训教材的规划设计非常重要。根据财政支农政策培训涉及"三农"政策的方方面面，浙江财政支农政策培训教材的体例设计上力求做到求真务实，多方兼顾。一是实用性，即要实用，一看就懂，一听明了，符合基层培训需要；二是权威性，即做到政策权威、内容权威，不能模棱两可，更不能道听途说，信手拈来；三是准确性，即政策内容、数据标准要准确，和实际执行的政策要一致；四是时效性，即要及时更新，把最新的政策编入培训教材；五是全面性，即要把与涉农有关的政策尽可能编入，方便了解和查阅；六是可读性，即要通俗易懂。在统筹规划的基础上，在培训教材编写的过程中，浙江对财政支农政策进行了梳理和归类，最终形成的培训教材由农业生产类、农村生活类、农村社会保障类、农村教科文类、农村组织建设类、促进农村消费类、支持少数民族发展类和农资综合补贴"一折通"发放管理类等八大类政策内容组成，采取问答的方法编写，从政策的概念、依据、资金来源、享受对象、标准、程序、责任等方面入手，以一问一答的形式对全省重点财政支农政策进行了解答，努力做到内容完整，有理有据，简明扼要，通俗易懂，满足了基层培训和农村干部群众学习、了解、查阅政策的需要。

第二，集中力量编写培训教材。财政支农政策涉及面广，财政的支农惠农政策和财政部门的农业、社保、经建、教科文、农发办、基层财政、企业、金融等各个口子都有关。编写财政支农政策培训教材不同于编写财政学教科书，不是某一个部门或某一个人就能够胜任的，需要依靠集体的力量，需要财政部门各个涉农口子共同来编写才能完成。为此，浙江在编写培训教材的过程中：一是成立编委会，指导编写工作。由厅领导担任编委会主任，各涉农职能部门主要负责人为编委会成员，统筹指导培训教材的编写工作，为培训教材编写提供政策指导和智力支持。二是建立联络员制度，实施具体编写工作。由各涉农职能部门的业务骨干为联络员，来具体负责各涉农口子政策编写的具体工作。三是函校参与编写全过程的组织协调工作。函校作为财政支农政策培训的组织者和实施方，必须全程参与教材的编写，教材体系的设计、编写任务的落实、教材编写及修改等各个环节都必须全程参与，各涉农口子编写的材料经职能部门主要负责人审定后由函校负责编审和修改，最后再由编委会主任审定统稿。培训教材编写完成后，由出版社出版发行，以确保培训教材的质量。

第三，与时俱进续编培训教材。培训教材编好了不等于教材建设任务的结束，由于我国城乡二元经济的特殊性和"三农"问题解决的长期性，随着财政经济形势的变化和社会民生事业发展的需要，国家的财政支农政策是不断变化和调整的，以实现城乡一体化和公共服务均等化。这种变化和调整体现在：一是政策的标准在不断地被调整和变化，如新型农村养老保险，2009年相关政策出台后，确定的标准是55元，即年龄达到60岁的农村居民可以享受获取每月55元的养老保险待遇，浙江的标准是60元。随着经济社会事业的发展和民生事业的发展，新型农村养老保险的标准也逐步提高，2012年浙江的标准是80元，2014年提高到100元，2019年又提高到155元。二是有些政策是有时效的，如"家电下乡"是针对2008年金融危机爆发后，国家为了刺激国内消费需求而出台的政策，但政策执行到2013年就停止了。三是随着财政职能的不断强化和城乡一体化发展的不断推进，国家财政支农政策不断推陈出新，新的政策也不断出台，以改变农村的面貌、促进农业现代化的发展和农民收入的增加，如村级集体经济扶持政策、农村公路养护政策等。由此可见，国家财政支农政策是动态的、发展的，国家财政支农政策的变化要求财政支农政策培训教材的编写必须与时俱进，要随着国家支农政策的调整而对培训教材进行相应的修改，使教材适应培训需要。财政支农政策培训开展以来，负责方每两年就要对教材进行修订，增加新的财政支农政策，更新政策的新内容，删除停止执行的政策，使培训教材的内容和实际的政策相适应，为每年开展的财政支农政策培训服务。

第四，无偿赠阅使用培训教材。编写财政支农政策培训教材是为了使用，而不是为了盈利，否则就违背编写培训教材的初衷，也会因为这个好事办不出好效果，会引起农村基层干部群众的反感甚至抵触。浙江对编写培训教材的定位就是无偿使用，并由省财政组织力量，落实人员和经费，免费供全省财政支农政策培训和财政支农政策培训宣传使用。一是及时免费发放培训教材。浙江每年的教材编印工作启动早，一般按照培训需要和宣传需要编印培训教材，再免费发放到全省各市县财政局，再由各地财政局发放到有关乡镇、农村和培训学员，使每位参加培训的学员都能够领到培训教材。二是设计宣传手册。以培训教材为基础，为使更多的农村基层群众更直白地了解财政支农政策，实现以最小资金付出达到最大的宣传效果，2014年以来，浙江选取了与农户、农民利益最密切相关的部分财政支农惠农政策，设计制成了财政支农政策宣传手册，直接面向各个乡镇财政公共服务平台、村民办事中心、行政村、农户发放，扩大了财政支农政策宣传规模。三是制作培训光盘。浙江非常重视对培训教学课件的建设和开发，为实现优秀课件资源共享，方便基层培训，2014年，浙江认真筛选优秀教学课件，以培训教材为依据，根据培训需要，集合制成全省财政支农政策培训优秀课件光盘，向全省各级财政部门推广使用，实现了教学资源的共享。四是建立培训师资队伍。2014年以来，根据"有进有出，动态管理"的要求，浙江建立了培训师队伍，按照培训教材的内容每年对培训师进行培训，推动培训的开展。经实践，浙江打造了以一本教材、一份册子、一张光盘、一支培训队伍的"四个一"为核心的财政支农政策培训体系，创建了有浙江特色的培训模式，为全国的财政支农政策培训积累了典型经验，完善了财政支农政策培训的教材体系。

财政职业精神的思索

毛主席说过，人是要有一点精神的。同样，做任何一件事情，从事任何一项工作，也需要有一种职业精神，这是职业的需要，也是把工作做好、提高职业形象的需要，有怎样的职业精神就有怎样的精神面貌。财政是国家治理的基础和重要支柱，财政的地位和财政在经济社会发展中的作用决定了从事财政工作必须要有财政职业精神，这是提振财政精气神、增强财政队伍的战斗力、确保财政职能实现的支撑和保障。"严谨、坚守、创新、奉献"是浙江财政在长期的财政实践工作中形成的财政职业精神，是对财政工作的传承和发展，是做好财政工作的要求，是新时代赋予财政人的新担当、新作为。

一、"严谨"，这是财政工作的职业态度

有句话说，态度决定一切。严谨体现的是一种态度，"慎而思之，勤而行之"正是严谨的体现。财政工作，就是和钱打交道，处理的是政府和市场、政府和社会、政府和居民的分配问题，严谨是基础。从表面上看，财政是和数字打交道的，财政反映的是数字，数字表现的是真金白银，无论是少一个零还是多一个零，是少一个标点符号还是多一个标点符号，反映的结果都是千差万别的，"失之毫厘，谬以千里"就是这个道理。同时，还必须透过现象看本质，财政数字背后体现的是政府的政策，数字后面是政治，反映的是国家政治、经济、文化、社会和生态文明的发展布局。因此，无论是现象还是本质，无论是数字还是政策，财政工作是容不得马虎的、容不得想当然的、容不得差错的，是说一不二的工作。因此，要做好财政工作，严谨是基础，必须一丝不苟、兢兢业业、精益求精、实事求是，这

是对财政工作的基本要求，也是一个财政人的基本素养。严谨反映了对财政工作的要求，做财政工作必须严字当头、谨字牢记，始终不放松要求。始终有严谨的工作态度和工作状态，财政人才能把财政工作做好，才能在每个岗位上都有所作为，才能承担起财政的职责。

二、"坚守"，这是财政工作的职业品格

马克思说过，在科学上没有平坦的大道，只有不畏劳苦、沿着崎岖山路攀登的人，才有希望达到光辉的顶点。科学家需要有坐冷板凳的精神，只有坚持不懈的努力，才有成功的可能和希望。坚守正体现这种要求，体现了对工作、对事业的热爱。职业没有高低、贵贱之分，都是社会分工、社会发展的需要。财政工作任务重、要求高，这是财政工作的性质决定的，既然选择了财政这份工作、财政这份职业，无论在财政工作的哪个部门、哪个岗位工作，都必须有坚守的品格，发扬"工匠精神"，干一行爱一行，做到爱岗敬业，把财政工作做到极致。坚守是个长期的过程，考验的是人的意志和耐心，需要耐得住寂寞，经得住外面世界的诱惑，而正是长期细致和耐心的坚守铸就了财政事业的发展，浙江财政事业取得的一个个成绩正是一代代财政人长期坚守的结果。同时，财政职业的特殊性，即其是利益交会和集中、矛盾的焦点和难点，财政职业的坚守也体现在要坚守底线，有"如履薄冰、如临深渊"的危机意识，必须坚持原则、按规矩办事，做到依法理财，依法用钱，该保障的要保障，该控制的要控制，该压缩的要压缩，把财政资金用好，把政府的公共政策落实好，发挥好财政资金的使用效益。

三、"创新"，这是财政工作的职业动力

没有创新就没有发展，创新是发展的动力和源泉。党的十六大提出，创新是一个民族进步的灵魂，是一个国家兴旺发达的不竭动力，也是一个政党永葆生机的源泉。浙江省第十四次党代会也提出"创新强省"的目标。财政工作也一样，离不开创新。财政是政府的财政，财政活动体现的是国家政治、经济、文化、社会和生态文明发展的需要，财政工作必须与时俱

进，不断创新发展，才能反映经济社会发展的需要，才能适应经济社会发展的需要，才能推动经济社会发展的需要。从财政"分灶吃饭"到分税制，从经济建设型财政到公共财政、现代财政制度，为适应社会主义市场经济体制发展和国家治理体系现代化建设的财政改革和发展的需要，财政工作必须不断创新，部门预算、国库集中收付、政府采购、财政收支分类改革等正是财政管理不断创新的体现。浙江财政的"省管县"财政体制、"三个子"的公共预算管理改革、生态财力转移支付改革等，为全国财政改革提供了浙江经验，这正是浙江财政不断创新的结果。浙江财政要发展必须走不断创新之路，创新是财政发展的动力源泉，也是经济社会发展对财政的要求。财政只有勇于改革创新，才能不辜负政府、社会和百姓对财政的信任，财政的职能才能发挥得更好，作用才能更好地体现。当然，创新是发展基础上的创新，不是盲目创新，更不是为创新而创新。

四、"奉献"，这是财政工作的职业主旋律

全心全意为人民服务是中国共产党的宗旨，奉献是共产党员的价值追求。立足岗位、乐于奉献是对政府公职人员的基本要求。财政是政府的综合经济部门，财政工作千头万绪、千丝万缕，涉及政治、经济、文化、社会和生态文明建设的方方面面，这是财政的职能和地位决定的。随着全面深化改革的推进，对财政工作的要求越来越高、越来越细，财政工作始终处于高度紧张的运行状态，要把财政工作做好，加班加点、自我加压是家常便饭，"白加黑""5加2"是不可避免的。这就需要财政人有"先天下之忧而忧，后天下之乐而乐"的胸怀，有"情为民所系，利为民而谋，钱为民所用"的担当，始终把人民的利益放在心上，把工作放在心上。乐于奉献是财政工作的要求，也是财政工作的传承，也正是乐于奉献的工作传承确保了浙江财政工作的不断推陈出新，不断改革发展，服务好省委、省政府的决策部署，服务好全省经济社会发展。财政人必须把奉献作为精神追求，作为推动工作和创新的动力，形成多讲奉献，多做奉献的好传统、好作风，把财政事业做好、做细、做优。

总之，作为财政职业精神，"严谨、坚守、创新、奉献"是相辅相成、

相互联系的整体，是对每个财政人的要求，也是财政人的追求，贯穿于财政工作的始终。也正是有了财政职业精神的传承，财政人才能始终保持昂扬向上的精神面貌，从而确保了财政事业的发展，使财政的职能作用得到更好的发挥，使财政是国家治理的基础和重要支柱的职能得以实现。

移民新村是精准扶贫的新创举

习近平总书记指出，小康不小康，关键看老乡。2020年是我国经济社会发展的特殊之年，不仅是全面建成小康社会的收官之年，而且是精准扶贫的决战决胜之年。精准扶贫是全面建成小康社会的前提，直接关系高水平小康社会建设。浙江是沿海经济发达地区，早在20世纪末就消灭了贫困县，2015年又消灭了经济欠发达地区，对浙江来说，绝对贫困已经不存在，但贫困既是绝对的又是相对的，相对贫困是依然存在的，城乡之间、地区之间的差距依然存在。就全国来说，精准扶贫的重点和难点在老少边地区，主要集中在"三区三州"（"三区"是指西藏、新疆南疆四地州和四川省藏区；"三州"是指甘肃的临夏州、四川的凉山州和云南的怒江州）；对浙江来说，精准扶贫的重点和难点在浙西南地区，主要集中在农村，尤其是边远地区的农村。浙江武义、龙游、松阳等地通过建立移民新村，实现了下山脱贫，取得了很好的成效，是精准扶贫的有效形式，对推进精准扶贫是有启发的。

由于自然和交通方面的原因，山区的村民相对贫困，增收致富的难度大。对山区的农村来说，要实现精准扶贫，最有效的办法是下山脱贫，建新移民安置点，即移民新村。但下山脱贫、建移民新村说起来容易，做起来并不容易。如何让山区的农民移得下来，又能致富这是难题——下山脱贫遇到的最大难题。

移得下是前提。让山区的农民下山移民，离开祖祖辈辈生活的家是很难的，基层政府可谓苦口婆心，不遗余力，做了大量细致的工作。首先要解决"移得下"的问题，即解决移民的住房安置问题，而建造住房最大的问题是土地问题。基层政府无偿置换出一块土地，并统一规划，统一设计，统一建设。基层政府根据移民家庭人口的多少设计几种不同类型的房型，供移民选择，使移民小区设计合理、规划有序，成为新农村的示范。同时，地方政府给下山移民一定的住房补助，引导山区的农民下山移民。通过这些举措，山区农民有能力搬迁、从山上搬得下，这是下山脱贫、彻底摆脱贫困的前提。

留得住是基础。山区的农民搬到平原，建成了移民新村，这仅仅是下山脱贫的第一步，如何让移民"留得住"这才是根本，是地方政府精准扶贫必须解决的关键。浙江各地对移民的政策是很优惠的。村里的政策是一视同仁的，也给移民相同的土地，这给移民吃了定心丸，使移民能够"留得住"。如今国家在政策上对"三农"的支持和扶持力度很大。种粮有粮种补贴，如果是种粮大户有更多的补助，并且国家有最低的粮食收购价，种粮的利益得到保障。种植蔬菜、水果等经济作物，收入有保障。况且移民新村属于平原地区，离县城近，家家户户都可以种植蔬菜等经济作物，各地农村也成立了农业合作社，组织村民自愿加入合作社，确保了农产品的销路。可见，下山移民只要勤劳，完全能够自食其力，就能做到丰衣足食。

能致富是关键。浙江作为发达地区，在推进"两个高水平"建设（高水平全面建成小康社会和高水平推进社会主义现代化建设）的过程中，决胜全面建成小康社会建设，不仅仅是解决精准扶贫问题，更重要的是要解决致富奔小康的问题。要让下山移民真正脱贫致富，光从事农业是不行的，必须从农业中转移出来从事二、三产业才是根本，但这恰恰是下山移民的难题。各地政府结合新型城镇化建设和特色小镇建设，利用农村劳动力素质工程的政策，及时对下山移民的劳动力进行培训，提高移民的劳动素质和劳动技能，使移民有能力转移就业，在城镇化进程中找到合适的就业岗位和合适的工作。同时，各地农村也优先为移民考虑，把村里的卫生保洁、照料孤寡老人等岗位优先安排给移民，以增加移民收入，使下山移民很快适应新农村的发展。

建设移民新村，实现移地脱贫，这是精准扶贫的有效形式。移民新村建设作为精准扶贫的成功案例，对决胜全面建成小康社会建设，对加快脱贫致富奔小康有很好的启示。

启示之一，精准扶贫要有针对性。贫困是绝对的，更是相对的。经过改革开放40多年的发展，我国的经济实力不可同日而语，已成为世界第二大经济体。扶贫事业举世瞩目，为全球扶贫做出重大贡献，使贫困人口大大降低，并且2020年全面建成小康社会，绝对贫困将不复存在。但我国相对贫困仍然存在，城乡之间的差距一时也难以改变，即使是经济发达地区也不例外，其中贫困主要集中在农村，尤其是山区的农村。同时，一些因病返贫、因残返贫也仍然存在，这些才是精准扶贫的重点、难点。各级地方政府必须厘清思路，抓住精准扶贫的重点和难点，精准施策，采取相应的措施，精准扶贫才有针对性，才能取得实效，从而加快全面决胜建成小康社会。

启示之二，精准扶贫重在培养造血功能。农村尤其是山区农村是扶贫的重点，扶贫对象清晰了，关键是怎么扶贫以取得效果并巩固效果，这才是精准扶贫的目的所在，这方面我们有很多教训值得总结。过去，为了解决山区农民的贫困问题，修路架桥，投入不少但效果不明显，一个重要原因是有些山区的生存发展环境差，修再多的路再好的路也无助于问题的解决，年年扶贫年年贫。如果换一种思路，让山区的农民下山搬迁，问题就能迎刃而解了。因此，精准扶贫重在精准，找到贫困的根源，精准施策，一村一策，一户一策，培养贫困户的造血功能，变"要我脱贫"为"我要脱贫"，使贫困人口有动力、有能力脱贫，精准扶贫才有效果。

启示之三，共同富裕要发挥政府的重要作用。经济学是研究资源配置的，资源配置要发挥市场的决定性作用，但市场配置资源也存在市场失灵，这就要发挥政府的重要作用。正如邓小平同志所说的，贫穷不是社会主义，共同富裕是社会主义的本质特征；鼓励一部分地区一部分人先富起来，先富带动、帮助后富，最终达到共同富裕。地方政府直接和贫困人口打交道，是精准扶贫的主力军，要按照全面决胜建成小康社会的要求，对精准扶贫统筹规划，不让一村一户掉队。对边远山区的贫困人口要通过移民脱贫，让富裕的村庄来带动，实现共同富裕；对有劳动能力的贫困家庭，要通过农村劳动力素质工程，对劳动力进行培训，提高农村劳动力适应市场的能力，在创业发展中脱贫；对一些没有劳动能力或因病致贫、因残致贫的要通过社会保障制度，给予低保的待遇，并在子女上学读书方面给予补助，让这些社会弱势群体共享改革成果，实现共同富裕。多管齐下，多策并举，给贫困人口更多的扶持，以实现共同富裕，共享改革成果。

启示之四，财政是精准扶贫的有力支撑。精准扶贫离不开资金，政府扶贫离不开财政的保障，而地方财政资金又是有限的。处理好扶贫资金需求无限和财政保障有限的矛盾，核心是要发挥好财政资金"四两拨千斤"的作用。一方面，财政要尽力而为，在财政预算安排上把精准扶贫作为重点，优先安排好资金，优先给予重点保障；另一方面，财政要量力而行，财政资金只能用在刀刃上，重点用在托底上，保障最需要的项目，保障最紧急的群众需求，并要体现公共财政的共同性，引导更多的社会资金投入精准扶贫的事业中，发挥财政资金的使用效果。

第五章　配套改革保驾护航

企业养老保险可持续发展的选择

社会保险制度是市场经济的"稳定器"和"安全网"，直接关系经济的稳定和社会的发展，而企业养老保险是其核心，是为了满足企业退休职工丧失劳动能力以后的生活需要而建立的保险制度。养老保险制度的平稳运行不仅关系企业职工的切身利益，更直接关系社会的稳定。我国企业职工养老保险制度采取以收定支的模式，即以养老保险基金的收入满足养老保险基金的支出需要，如果出现当年收不抵支，只能动用历年累计结余资金，甚至动用财政资金来"兜底"，这对政府财政而言是严重的挑战，关系财政的安全。因此，企业养老保险能否实现当年收支平衡，是否有结余，是衡量企业职工养老保险制度是否健康稳定发展的主要标志。

由于人口的老龄化，以及企业职工养老金标准的不断提高，我国一些地方的养老保险基金出现了收不抵支现象，产生了支付风险，对企业养老保险基金的稳定运行产生了影响。影响企业养老保险基金可持续发展的原因是多方面的，既有内部制度设计的原因，也有外部条件变化的原因，还有基金管理方面的原因，这些原因使得企业养老保险基金支付风险逐步显现。

一是人口老龄化加剧了养老保险基金的缺口扩大。在所有的生产要素中，人是推动经济发展的重要因素。改革开放以后，在国家政策的支持下，我国经济能迅速发展，成为全球的制造中心和世界第二大经济体，一个重要因素是人口优势，包括劳动力成本优势和年龄优势。劳动力年轻且价格低廉，吸引了大量的外来投资，推动出口导向型经济的发展，使我国的经济迅速崛起。经过改革开放40多年的发展，使我国的经济发展迅速，经济总量从1980年的6619亿元增加至2010年的39.80万亿元，人均达到4361美元，2017年更是达到82.71万亿元，人均GDP达到8836美元。根据世界银行的最新标准，把人均GDP低于1045美元的国家划分为低收入国家，把在1045~4125美元之间的国家划分为中等偏下收入国家，在4126~12 735美元之间的国家划分为中等偏上收入国家，高于12 736美元的国家划分为高收入国家。我国从2010年就进入中等偏上收入国家，正在向高收入国家迈进的过程中。但是在我国经济发展的同时，随着医疗水平的提高和卫生条件的改善，社会人口的预期寿命不断延长，我国的人口开始老龄化，出现了"未富先老"的现象。

衡量一个社会是否进入老龄社会的标准是60岁老年人口占总人口的比例，按照联合国的传统标准，一个地区60岁以上老年人口达到总人口的10%视为进入老龄化社会。2000年11月底第五次人口普查，我国60岁以上老年人口达1.3亿人，占总人口的10.2%。按国际标准衡量，我国已进入了老龄化社会，并且老龄化程度不断提高，于2010年达到13.1%。到2011年更是达到17.3%。人口的老龄化必然增加社会的养老支出，使政府的养老负担越来越重，逐步形成企业养老保险金的"缺口"。

二是大量的失地农民纳入企业养老保险的范畴。养老保险制度是权利和义务相结合的制度，要享受养老保险的待遇，必须承担缴纳养老保险金的义务，这是养老保险基金可持续发展的前提。但养老保险制度在实际运行过程中，一些地方政府并没有严格执行权利和义务相结合的制度，放松了企业养老保险对象的准入门槛，主要是大量的失地农民进入养老保险的制度体系，加剧了养老保险基金的支付风险。大家都知道，工业化和城市化是互相促进、相互发展的，工业化推动了城市化，城市化又促进了工业化。在我国城市化的过程中，一个副产品是大量农村人口的土地被征用，出现了大量的失地农民。为了维护失地农民的利益，保持社会的和谐与稳定，地方各级政府给失地农民建立社会保障制度，允许被征地农民选择参加职工基本养老保险或城乡居民基本养老保险。失地农民只要一次性补缴一定数量的养老保险金就可以享受养老保险待遇，之后就需要基金来兜底，且有些基层政府在政策推行过程中，擅自开口子，人为扩大参保的对象和范围。按照职工养老保险基金的制度设计，一般至少要缴纳养老保险金15

年才能享受养老金待遇，而失地农民参保形成了养老金的"缺口"，把"缺口"留给了养老保险基金负责，加剧了企业养老保险基金的支付风险，是全国各地近年来养老保险基金运行困难的重要原因。

三是养老保险基金的支付标准提高快。养老保险金主要用于满足企业职工退休以后的基本生活需要，以维护企业职工的权利，保基本是养老保险制度设计的基本要求。养老金的提高必须和经济发展水平、社会物价水平相适应，使养老保险金的支付有资金来源，也使企业退休职工不会因为物价的提高而让生活受到影响。我国的企业养老保险制度是改革开放以后按照"低标准，广覆盖"的要求建立的，采取"新人养旧人"的方式，建立之初养老保险金的支付标准并不高，与经济社会发展和社会物价水平基本保持一致，这也使企业养老保险基金的支付有资金保障，使企业养老保险制度能够正常运行。进入21世纪，随着我国经济社会的发展和政府财力的增强，居民的收入增长很快，为了维护退休职工的利益，使退休职工的收入增长和在职职工保持一致，我国从2006年起开始大幅度调整企业职工的退休金标准，当年增长23.7%，以后每年都保持较快的增长速度，到2015年连续10年保持两位数的增长，2016年以后增长幅度才降为个位数，2016年、2017年分别为6.6%，5.5%。"以收定支"是企业养老保险制度平稳运行的基础，持续的提标必然会出现"生之者寡，食之者众"的现象，给养老保险基金的支付带来大量风险，影响养老保险制度的持续运转。

四是企业养老保险基金的历史欠账多。我国企业职工的养老保险制度是改革开放以后建立的，1991年国务院颁布了《关于企业职工养老保险制度改革的决定》，开始对养老保险筹资模式进行改革，实行国家、企业、个人三方共同负担，随后我国养老保险个人缴费制度正式确立，开辟了养老保险基金筹集的新渠道。养老保险制度的建立使我国企业职工养老从企业养老过渡到社会养老。企业职工养老保险制度的建立给企业发展吃了"定心丸"，分离了企业的社会职能，促进了企业职工的流动，推动了社会主义市场经济的发展。但是我国企业职工养老保险制度的先天不足是采取"新人养旧人"的办法，老人是没有交过养老金的，以前的养老保险基金视同缴纳，留下了养老金的"欠账"和"缺口"，也给企业养老保险制度的发展留下了隐患。同时，我国的企业养老保险基金采取收费的形式，由企业和职工按工资总额的一定比例缴纳，企业缴纳进入社会统筹；个人缴纳建立个人账户。由于收费不同于收税，缺乏强制性，一些企业和个人少交或逃避缴纳养老金的现象时有发生，这也造成了养老保险基金的流失。

五是养老保险基金配置的地区不均衡。企业养老保险基金运行困难，支付出现风险，不仅有总量的问题，即收入的增长满足不了支出增长的需要，更有结构的问题，主要是地区之间基金收支的不均衡。我国的企业养老保险基金实行县级统筹和省级调剂，地区经济发展和人口的老龄化程度直接决定养老保险基金是否能正常运行，从而使得养老保险基金的运行各地不一，风险各地不同。一些老工业基地，原来的经济基础好，企业退休职工规模大，比例高，养老保险基金的支付困难就多，风险就大，这主要集中在我国的东北和西北地区；而一些新兴的城市，经济发展快且人口以年轻人居多，退休职工的比例低，养老保险基金运行好，基金的结余也多，抗风险的能力就强，东南沿海经济发达地区养老保险的抗风险能力就强。

六是基金保值增值难。企业养老保险基金是"保命钱"，安全是前提。我国相关部门对结余的企业养老保险基金的管理一直采取稳健的原则，主要存放银行和部分用于购买政府国债。尽管国家成立了社会保险基金理事会，运作社会保险基金，并取得了一定的成绩，但这毕竟是有限的，地方基本没有这方面的实践，更多地停留在理论的探索层面。稳健的好处是安全，没有风险，也不用承担责任，但是存放银行或购买国债，收益是很低的，在物价上涨或遇到通货膨胀的情况下，基金不仅不能保值，甚至是贬值的。由于企业保险基金不能实现保值增值，不能通过基金的管理和运作给基金带来收益，也给养老保险基金的支付带来了风险。

养老保险支付困难，就要增加养老保险基金的收入来源，而供给侧结构性改革又要降低企业的负担，即要减轻企业的社会保险负担，给企业休养生息的机会。如何解决两难的问题，以避免养老保险金的支付风险又不给企业增加负担，关键还是要从增收节支上做文章，在开源节流上做文章，既要保障企业退休职工的利益，使退休金的增长和经济发展相适应，让退休职工共享改革开放的发展成果，又要考虑企业养老保险基金的承受能力，退休金的支付和国情相适应，避免社会保障的过度福利化，以确保社会保险制度的稳定发展，维护社会的稳定，增强企业职工的获得感。

第一，多渠道筹集养老保险基金"补"一块。企业是养老保险金缴纳的主渠道，这是无可非议的，但着眼于长远和减轻企业负担的需要，还要多渠道开辟企业养老保险金的征收渠道。一是提取一定比例的国有资本收益用于补充企业养老保险基金。企业养老金"缺口"产生的重要原因是历史的欠账，主要是国有企业的"欠账"，留下了制度"缺口"，国有企业有弥补"缺口"的义务，因此，要提取一定比例的国有企业的实现利润用于补充养老保险金。同时，在国有企业的混合制改革、国有企业产权制度改革、国有企业资产证券化的过程中，国家应拿出一定比例的国有股权的转让收入、国有资产的表现收入，补充企业职工养老保险基金。二是提高土地出让金用于养老保险基金的比例。对地方政府的土地出让金用于补充养老保险基金，国家有明确的要求，但提取的比例偏低，难以满足养老保险的需要。考虑到大量失地农民进入企业养老保险序列的事实，国家要提高土地出让金用于养老保险基金的比例，使养老保险的扩面和基金的收入增加保持一致。三是提取一定比例的民政福利彩票公益金用于养老保险。彩票公益金主要是用于社会福利事业的，而在社会保险基金中支付风险最大的是企业养老保险基金，目前和即将有可能出现支付风险的也是养老保险基金，因此，从每年获取的彩票公益金中提取一定比例用于补充养老保险基金是有必要的，且政府应制定相应的政策。四是要鼓励社会捐赠。社会捐赠作为慈善事业，其增加是和经济社会发展成正比的。社会捐赠类型很多，发展空间也很大，捐赠用于养老保险也是社会捐赠的一种形式。基于养老保险支付风险的客观性和未来形势的严峻性，需要鼓励社会加大对养老保险基金的捐赠，以补充养老保险金的不足。对企业和个人的捐赠要允许税前扣除，以维护捐赠者的利益，在全社会形成发展慈善事业的社会氛围。

第二，提高统筹级次"调"一块。社会保障的风险和统筹的级次是正相关的，统筹级次越低，抗风险的能力越弱；统筹的级次越高，抗风险的能力越强。我国的社会保障实行的是县级统筹模式，统筹的级次比例低。

世界上不少国家的社会保障是统一的，如美国征收的是社会保障税，社会保障税是联邦的主体税种。我国社会保障制度改革的一项重要内容是要提高社会保障的级次，党的十八届三中全会通过的《决议》明确提出要提高社会保障的级次，实行国家统筹，明确了社会保障改革的方向。对于养老保险也一样，国家统筹是方向，但考虑到我国人口多、区域面积大、底子薄、地区发展不平衡的基本国情，针对养老保险一下子实行国家统筹，改革的难度大，而县级统筹的风险又大，不少县已经出现了支付风险。降低养老保险风险可行的办法是提高统筹的级次。县级统筹风险大，全国统筹难度大，最佳的是市级统筹或省级统筹。市级统筹和县级统筹的道理是一样的，抗风险能力弱，但作为过渡办法，省级统筹是不错的选择。实际上，我国养老保险尽管是县级统筹，各级都要向省级上交一定比例的调剂基金，但已经有了省级统筹的实践，用于增强省级的调控能力，平衡地区之间的养老保险支付风险。作为过渡办法，企业养老保险由县级统筹过渡到省级统筹，这不仅符合养老保险制度改革的方向，而且有利于增强省级调控企业养老保险基金的能力，用于平衡县市之间的养老保险基金，降低企业养老保险基金的支付风险。同时，要加快养老保险中央调剂的试点，增强中央财政在养老保险方面的支出责任，降低养老保险的支付风险，最终实现养老保险制度的统一。

第三，确保保值增值"多"一块。养老保险基金的保值增值一直是悬而未决的难题，难点是养老保险基金的特殊性——是退休职工的医疗钱和生活钱。一方面，中央政府有要求，基金只能用于稳健的投资，安全第一；另一方面，各级地方政府也怕担当，怕承担相应的风险，只好把基金用在稳健的投资上，主要用于定期存款和购买政府国债，这是养老保险基金保值增值难的原因所在。养老保险基金的保值增值是世界性的问题，从国外的情况看，有稳健投资的，也有风险投资的，如购买公司的股票、公司的债券，用于投资基金等。我国也有这方面的尝试，国家设立的社保基金理事会就是从事社保基金投资的，并取得了不俗的成绩，提高了社保基金的收益率。但地方鲜有这方面的实践，主要是政策的瓶颈和人才机构的缺乏。从着眼于社保基金的保值增值的角度，基于社保基金长期稳定发展的考虑，我国应积极开展对社保基金的投资，提高社保基金的收益率。一方面是稳健的投资。稳健投资应该是社保基金的方向，这是社保基金的特殊性决定的，但稳健投资的范围和领域要拓宽，除了传统的银行定期存款和购买政府债券之外，还应购买银行的理财产品、国有企业发行的债券、商业保险公司的保险基金等，这些都是稳健的投资，且投资的收益率比银行存款、政府国债更高，有利于养老保险基金的保值增值。另一方面是风险投资。参照国家社保基金理事会的做法，在不影响养老保险基金正常周转使用的前提下，地方政府也应拿出一点比例的社保基金用于风险投资，但风险投资也要控制风险，既保收益，又保安全。投资股票，主要投资银行、保险公司等经营稳定的大国企的股票。还可以投资政府产业基金，投资信托基金等，这些都是风险相对可控，收益又比较好的投资项目。同时，要加强对人才的培养和机构的建设。从事社保基金投资，地方政府没有相应的机构和专有的人才，如果组建专门的投资机构和投资团队，成本是比较高的，风险也是比较大的。比较可行的做法是委托投资，委托地方政府的投资机构来运作社保基金的投资，确保社保基金的保值增值，这是比较可行的。

第四，逐步推行延迟退休"加"一块。为缓解养老保险金支付困难，延迟退休是不错的选择。延迟退休不仅能够增加养老金的缴费年限，而且能够推迟养老金的支付，即不仅能够增收，而且能够节流。从国外的情况看，像德国等发达国家，都普遍延迟退休。男性工作到65岁左右、女性工作到55岁左右退休是发达国家的普遍做法。我国企业职工的退休年龄是男性60岁、女性50岁，和国外相比显然是早的，尤其是女性职工和机关事业单位的职员相比也是早的，机关事业单位的女性职员退休年龄是55岁，一些女性领导干部可以和男性一样工作到60岁退休。另外，从人口老龄化的趋势看，随着生活水平的提高和医疗卫生条件的改善，人的预期寿命普遍提高，这也为延迟退休创造了条件。当然，延迟退休不能一步到位，男女一律延迟5年退休，这会导致社会的反对，企业职工也必须有一个接受的过程，毕竟企业职工和机关事业单位职员的工作性质、劳动强度是不一样的，延迟退休要渐进式地逐步延迟。同时也要区别对待，对一些特殊的行业，如井下作业、高空作业等行业，允许有些特殊的政策，暂缓执行，以体现政策的以人为本的精神和社会的人性化。

第五，供给侧结构性改革过程中综合考虑减负"盘"一块。供给侧结构性改革是国家战略，供给侧结构性改革的推进直接关系经济的发展和我国经济的竞争力。给企业减负，增强企业的活力和竞争力，不仅是供给侧结构性改革的重要内容，也是金融危机以后世界各国的通行做法。我国企业负担重是不争的事实，我国企业不仅税收负担重，而且还有大量的非税负担，包括社会保险负担，给企业减负是我国推进供给侧结构性改革的必然选择。因为企业社会保险负担重，所以给企业减社会保险负担不会有过多的争议，核心是如何减，这需要具体分析，既达到减负的目的，又不影响社会保险的平稳运行。我国企业社会保险五费合征，从总量上看的确是重的，在养老、医疗、失业、工伤、生育保险中，目前运行中结余多，最有减负空间的是失业、工伤、生育保险基金，而养老和医疗保险基金的压力大，减负的空间相对小，考虑到人口的老龄化和社会福利水平稳步提高的趋势及养老和医疗保险基金未来的支付压力大的事实，我国在供给侧结构性改革过程中给企业减社会保险基金负担，更多要从失业、工伤、生育保险基金着手，降低失业、工伤保险基金的征收比例，在降低生育保险基金征收比例的同时把生育保险并入医疗保险，而养老和医疗保险基金的征收应保持稳定，既要降低征收比例也要量力而行，使降低的幅度不能过大。这样通过结构性的调整，既降低了企业社会保险基金的负担，推进了供给侧结构性改革，又可以避免养老保险基金降低征收比例带来的支付风险，缓解供给侧结构性改革和养老保险支付风险间的矛盾。

第六，严格控制养老保险范围"压"一块。养老保险的基本原则是权利和义务相结合，这是养老保险制度建立和发展的前提。参加养老保险、缴纳养老保险基金是每个企业职工的义务，而退休或丧失劳动能力后能够享受养老金待遇是每个职工的权利。权利和义务是对等的，没有只有权利而没有义务的待遇，也没有只有义务而没有权利的责任，否则，养老保险制度就难以运行，"巧妇难为无米之炊"是不可违背的规律。面对人口老龄化和失地农民大量增加的事实，政府不能拿养老保险待遇作为政策工具来推进城市化，来征用农民的土地，即使这样做也只能是解一时之需，不能作为长久之计，必须把足额缴纳养老保险金作为进入养老保险序列的"门槛"，不能随意降低缴费标准。对于城镇化以后的失地农民，应该允许他们进入企业养老保险的序列，因为失地农民为城市化做出了贡献，是城市化的牺牲者，国家理应给予政策照顾，以解决他们的后顾之忧。国家在征地补偿上要把养老保险的因素考虑进去，给失地农民留有足够缴纳养老金的补偿费用，不要把"缺口"留给养老保险基金。其他因国家政策调整需要进入企业养老保险序列的社会成员也一样，足额缴纳企业养老保险基金以后再进入，无论如何，要把权利和义务相结合作为企业养老保险发展的政策底线，把风险控制作为企业养老保险发展的基础。同时，考虑到人口老龄化的社会现实，国家对企业养老保险的政策要做相应的调整，适当提高企业养老保险基金的缴费年限，减少养老保险基金的"缺口"。

第七，稳步提高养老退休待遇标准"省"一块。企业职工退休以后的养老金主要是用于满足最基本的生活需要，使企业职工丧失劳动能力以后有基本的生活保障，使企业职工的利益得到保障。保基本是养老保险制度设计的立足点和目的所在，因此，企业养老金的标准是要受到制约的，既不能维持多年不动，也不能盲目提高。养老金标准长期不动，必然影响退休职工的利益；而不顾养老金的承受能力盲目提高标准，必然是不可持续的，会给养老事业的持续发展带来危害。国外在这方面是有教训的，欧债危机就是社会的高福利而政府的财力又不能满足需要，导致国家陷入债务危机。我国养老金已实现了14年的连续提标，如果继续保持高幅度的增长，这种超越国情和养老金支付能力的提标也是不可取的，也是当前企业养老金支付出现风险的重要原因。因此，立足我国的实际和养老保险基金运行的可持续性，企业养老金标准的提高应该和经济社会发展及物价水平相一致，按照"迈小步，不停步"的要求，稳步提高企业养老金的标准，以保障养老保险基金支付有保障，避免养老金的支付风险，同时也使企业退休职工的利益得到维护，增强"获得感"。

积极推进机关事业单位养老保险制度改革

　　社会保险是市场经济发展的"稳定器"和"安全网"，是市场经济的重要组成部分，是维持市场经济稳定发展的基础，而养老保险是社会保险的"重头戏"。改革开放以来，我国的养老保险制度改革起步早、发展快、效果好、影响大，为社会主义市场经济发展发挥了举足轻重的作用。早在1991年国务院就出台了《关于企业职工养老保险制度改革的决定》，规范了企业养老保险制度改革；1997年出台城镇低保制度，解决城市困难家庭最低的社会保障和后顾之忧；根据统筹城乡经济社会发展和全面建成小康社会的需要，2003年出台了农村低保制度，把最低生活保障制度扩大到农村；2009年，我国又出台了新型的农村养老保险制度，为农村60岁以上的老人建立了养老保险制度；2011年7月，养老保险制度扩大到城镇，建立了城镇居民养老保险制度，这样，经过改革开放40多年的发展，我国的养老保险制度逐步扩大，覆盖的人群逐步增多，功能逐步得到发挥。但是，我国社会保障制度改革发展过程中存在的突出问题是制度的碎片化，让人按不同的身份适应不同的制度，更大的问题是机关事业单位的养老保险制度一直没有实施和建立，改革没有推进，制度覆盖还存在"空白点"。

　　党的十八届三中全会提出全面深化财税体制改革，明确要"推进机关事业单位养老保险制度改革"。根据十八届三中全会的改革目标，国务院于2015年分别出台了《国务院关于机关事业单位工作人员养老保险制度改革的决定》的国发2号和《国务院办公厅关于印发机关事业单位职业年金办法的通知》的国办发18号，出台了机关事业单位养老保险制度，开始了机关事业单位养老保险制度改革，我国养老保险制度改革迎来了新突破，养老保险制度实现了"全覆盖"。但同时，要看到机关事业单位养老保险制度改革对地方财政的压力，尤其是对今后的财政压力是显而易见的，因为机关事业单位养老保险制度改革是建立在工资调整之上的，要求机关事业单位工作人员不能因为改革而减少收入，改革使得各级财政增支是显而易见的。而当前我国经济又进入结构调整期，财政收入的增长又受到经济发展的影响，机关事业单位养老保险改革对各级财政来说也是挑战。为了确保机关事业单位养老保险制度的顺利实施，各级政府和财政必须未雨绸缪，加快改革力度，为机关事业单位养老保险制度的顺利实施创造条件。

第一，优化财政支出结构，提高财政资金的保障能力。机关事业单位养老保险制度的实施，需要一定的财力保障，这对当前的财政是挑战。当前我国经济正面临结构性的调整，经济发展进入中高速增长的新常态，财政收入增长也一样，寄希望于通过财政收入的快速增长来满足机关事业单位养老保险的需要的难度大，财政更多地要从结构调整、存量资金清理整合上做文章。而调整财政支出结构，民生支出是必须要保障的，尽管我国的民生支出增长很快，成为财政支出的大头，但民生保障水平总体还是低的，离社会的需要、城乡居民的需要还有差距，民生支出不是怎么压缩的问题，而是合理保障、稳定增长的问题。但这不是说压缩财政支出是没有余地的，有些财政支出控制还是有余地的，如行政支出。要严格控制行政经费的增长，通过控制机构、控制人员、控制行政经费开支标准等形式，把行政经费控制好，尤其是要压缩"三公"经费的增长。随着中央"八项规定"的出台，控制"三公经费"有了制度保障。行政经费的控制和"三公经费"的压缩与增长的下降，能够挤出一定的财政资金用于满足机关事业单位养老保险制度改革的资金需要。同时，要加快清理财政结余资金。财政资金结余不用，不仅是公共资源的浪费，使财政资金的效益得不到发挥，而且也会出现财政资金的滥用，甚至流失和挪用，容易产生财政风险和廉政风险。各级政府和财政部门必须加强对财政结余资金的清理，对长期不用或用不出去而留在单位和部门的财政资金要及时清理，该收回的要收回，该取消的要取消，以充实和补充机关事业单位养老保险改革的资金需要。因此，面对机关事业单位养老保险改革的增支压力，财政提供资金支持不能局限于对增量资金问题的解决，更要着眼于存量资金，通过优化财政支出结构，清理结余财政资金，挤出财政资金满足机关事业单位养老保险支出需要。

第二，稳妥做好新老制度的衔接，实现平稳过渡。机关事业单位养老保险制度改革是从2014年10月开始的，这就有老人、新人和中人的问题。所谓老人，是指2014年10月前退休的人，新人是指2014年10月以后参加工作的人，其余的机关事业单位工作人员都是中人。对于老人和新人的政策比较简单，办法也好解决。对老人的养老保险，应该参照老办法，由国家财政来负担养老保险，这是维护老人权利的需要，政策上也没有问题。对新人，刚好赶上新制度的实施，按新的养老保险制度办，这也没问题。核心和难点是中人，即2014年10月之前参加工作又没有交过养老保险的在职人员。政策明确规定，2014年10月之前的工作年限视同缴费年限，这为新老制度的衔接奠定了基础，也给中人吃了"定心丸"。但由于中人离退休的年限不一，按新制度缴费的年限也不一，肯定会出现差异。如何更好地缓解差异，确保公平和合理，这就要求在国家统一政策的前提下，各地必须结合实际，制订针对中人的养老保险过渡办法。针对中人的过渡办法必须使中人的退休待遇和老办法的基本接近或者略高于老办法，使中人容易接受，以确保新老制度的衔接，使机关事业单位养老保险改革顺利推进。

第三，提高统筹级次，扩大中央财政的支出责任。普遍建立社会养老保险制度是世界各国经济社会发展的共同趋势和基本做法，但社会养老保险在不同的国家有不同的模式，如美国主要通过社会保障税的形式，筹集社会养老保险资金。我国机关事业单位的养老保险制度改革尽管实现了通过政府、单位、个人共同负担的形式筹集养老保险资金，资金来源有了保障，并把个人的权利和义务有机结合起来，但我国的养老保险主要采取县级统筹的形式。县级统筹的好处是养老保险和当地经济社会发展相适应，比较符合地方实际，可统筹的级次低，抗风险能力比较弱，一些经济落后或相对欠发达的县市财政的压力大，而一些经济比较发达的县市财政压力就小，以至于容易出现县市之间的"苦乐不均"，甚至使困难县市越发困难的"马太效应"。解决机关事业单位养老保险县市之间"苦乐不均"的更合理且更科学的办法是提高统筹的级次。在我国中央、地方（省、市、县、乡）五级政府中，县市以上的有市地、省和中央三级。全国统筹是养老保险改革的方向，但由于我国人口多、底子薄、地区发展不平衡的社会主义初级阶段国情决定目前实行全国统筹难度大，国家财力也难以拿出足够的资金实行全国统筹。而提高到市地级统筹，由于我国经济社会发展的区域性特点，市地之间经济社会发展的差距大，市地财政统筹发展的能力相对较弱，县市统筹和市地统筹的差别不大，也没有从县市统筹到市地统筹的必要，因此，省级统筹是合理的选择，省级财政的实力和调控的功能，使得省级财政能够承担起相应的职责，因此，机关事业单位养老保险应由县市统筹逐步向省级统筹过渡。同时，增加中央财政的支持责任。十八届三中全会明确提出要增加中央财政的支出责任，社会保险是中央财政应该承担的责任。中央财政要加大对地方尤其是中西部地区、民族地区、经济欠发达地区的财政转移支付，缓解地区之间的财力差距，为地方尤其是中西部地区、民族地区、经济欠发达地区的机关事业单位养老保险制度改革提供必要的财力支持。

第四，完善预算体系，推进养老保险的一体化建设。机关事业单位养老保险制度的建立，弥补了机关事业单位养老保险的制度空白，从制度上统一了机关事业单位和企业养老保险的差异，为养老保险制度的"一体化"建设创造了条件。作为"一体化"的养老保险制度，基本养老金部分，机关事业单位和企业应大体一致，企业的补充养老保险和机关事业单位的职业年金由于工作年限、社会贡献、缴费年限等方面的不同而有所区别，以体现权利和义务的结合。但是，目前企业职工养老保险和机关事业单位养老保险的差距是明显的，企业职工养老保险明显低于机关事业单位的养老保险。根据"凳脚理论"，凳子四个脚高低不一，要解决凳子的平衡问题，一种办法是锯掉长凳子多的部分，这是消极的平衡理论；另一种办法是垫高矮凳子，这是积极的平衡理论。显然，解决机关事业单位和企业养老保险差距问题应采取积极的做法，逐步提高企业职工养老保险的标准，使企业养老保险的标准逐步和机关事业单位的养老保险水平接近。而提高企业养老保险的标准必须要有资金来源，这只能通过加强国家财政预算体系建设来推进。在国家预算体系的一般公共预算、政府基金预算、社会保障基金预算和国有资本预算四项预算中，解决企业养老保险资金来源的是社会保障基金预算。因此，要扩大社会保障基金预算规模，扩大企业养老保险的统筹面，这是企业养老保险资金来源的基础。同时，要做大国有资本预算，增加国有企业国有资本收益的上缴比例，每年从国有资本预算中集中一部分资金补充到社会保障基金预算中，这也是社会保障基金预算来源的重要渠道。国有资本预算集中一块到社会保障基金预算也是国家对企业养老保险长期欠账的一种弥补，是必需的且有理论依据的。

第五，加强基金管理，实现保值增值。机关事业单位养老保险改革办法明确了机关事业单位的养老保险基金和企业的养老保险基金的区别管理，财政管基金、地税管征收、社保管发放。对财政部门来说，管好基金很重要，这直接关系机关事业单位工作人员的利益，关系退休后的生活待遇。要管好养老保险基金，安全是前提，这是社保基金和风投基金的区别，这也决定了养老保险基金使用的原则和方向，但安全不等于把资金放在银行里"睡觉"，不顾基金的保值增值，而是在安全的前提下和政策允许的范围内，做好基金的保值增值工作。对机关事业单位的养老保险基金在正常支付的前提下，对结余的基金必须做好保值增值工作，用于安全的理财投资。一方面要开展竞争性存放。竞争性存放养老保险基金，能够稳定提高基金存放的利息收入，也避免了基金存放的廉政风险。另一方面要用于购买地方政府债券。根据预算法规定的地方政府债务发行管理要求，地方政府的债务只能通过发行债券的形式筹集，相对于银行存款，地方政府债务的利率要高，收益要稳定，机关事业单位养老保险结余的基金要拿出一部分用于购买地方政府债券，提高基金的收益，以确保基金的保值增值。同时，应安排一定比例的养老保险基金用于购买股票等风险投资。风险往往和收益成比例，风险大收益也高，国家拿出一定比例的养老保险基金用于购买股票等风险投资，可以扩大养老保险基金的收益，确保基金的保值增值。

第六，保障管理服务机构的运行经费，推进养老社会化服务体系建设。机关事业单位养老保险改革以后，养老保险管理工作就从单位管理过渡到社会管理、机构管理，退休人员也就从单位人转为社会人，这样，各社区、街道要有专门的机构或专门的部门来管理，要充实工作人员和增加服务设施才能满足机关事业单位养老保险改革的需要。各社区、街道的养老保险管理服务机构从事的是养老服务工作，属于公益性的，代表政府提供公共服务，如发放养老金和提供养老服务。对养老保险管理服务机构的公用经费和运营经费，地方财政必须给予保障，而不是通过创收或从养老保险基金中列支，否则，就会影响养老金的专款专用，不利于养老事业的发展。

对会计人才队伍建设的建议思考

　　会稽者，会计也。会计是国民经济的基础，是经济社会发展和企业经营决策的依据。会计工作很重要，是经济社会发展不可或缺的。同时，会计工作涉及面广、从业人员多、专业技术要求高，是技术含量高的工作，有行业的门槛。要把会计工作做好，关键在于人才，需要有懂业务、能核算、会管理的经营管理会计人才。朱镕基同志提出的"诚信为本、操守为重、坚持准则、不做假账"就是会计工作要求的具体体现。

　　经过改革开放40多年来的发展，我国的会计人才队伍逐步壮大，而要把会计人才队伍建设好得靠培养。会计人才培养除了学历教育包括全日制和非全日制教育之外，还有每年要求的针对会计工作人员的会计继续教育学习，以及每年都举行的会计人员能力和水平提升的会计职称考试，这些都是培养会计人才、加强会计队伍建设的有效途径。当前，随着会计事业的发展和互联网技术在会计领域的广泛运用，对会计人才的要求越来越高，因此，如何按照会计行业发展的要求，有针对性地加强会计人才培养，适应经济社会发展需要，是会计人才培养和会计队伍建设时必须考虑的问题。

一、会计工作是机器代替人还是人控制机器？会计人员要掌握互联网技术，加快互联网技术在会计领域的应用

　　改革开放以来，由于经济的快速发展和经济发展对会计人员需求的增加，会计专业的毕业生就业形势一直很好。在高等院校，会计专业一直都是热门专业，每年招生分数最高的主要集中在会计、金融等专业，最优秀的人才选择了会计、金融等专业，社会出现了持续的"财经热"，财经院校在各地遍地开花，各大学都争先恐后地开设了会计、金融等热门专业。

2008 年金融危机以后，随着经济的转型和经济发展进入新常态，各级政府加大了对房地产行业的调控，对金融系统性风险的控制，以及对实体经济和现代制造业的大力扶持，以避免经济的"虚拟化"和产业的"空心化"，这是社会回归理性的表现。但 2018 年浙江大学推出了新专业——"智能财务"专业，逐渐在浙江大学所有的专业中脱颖而出，成为浙江大学最热门的专业之一，录取分数线最高。这似乎是"财经热"的回归，不得不引起人们对会计工作的思考。

会计的基本工作或基本的职能是核算，随着技术的发展，会计的核算方式也与时俱进地发展和创新。最初人们主要靠算盘等传统的计算工具维持会计的核算功能，随着计算机的发展，会计开始进入电算化时代，一些基础性的会计工作可以通过计算机完成，这大大减少了会计的核算工作量，提高了会计行业的工作效率。随着信息经济的发展，尤其是互联网技术的发展和互联网技术在会计领域的应用，会计又实现了业财融合，开始向大集中核算发展。分散的会计核算实现了集中核算，会计管理向适应经济发展模式的规模化、集团化、融合化发展。当前，随着大数据、云计算的实现，人工智能、区块链技术在会计领域的推广和运用，人们对会计未来的发展越来越乐观，会计将进入智能时代；同时，对会计工作也越来越担忧，担心会计工作是否将被机器所替代，会计行业是否将消失。

如何认识未来的会计工作，是不是真的如人们所预料的会计人才将被机器所替代？进入智能会计时代，会计行业对会计人才的需求将越来越少，甚至会计人员将逐步失业，"狼"将要来了，这是不是危言耸听，显然是要打个问号的。可以肯定的是，随着互联网技术的发展，人工智能时代的到来，会计核算逐步走向智能化、现代化，基础的会计核算工作将逐步为机器所替代，会计工作将走向凭证、账户、报表的流水线作业方式。从这方面分析，会计基础工作将为机器所替代是必然的。但是，话要说回来，机器是要靠人来操作和控制的，会计有些工作肯定会被机器所替代，这是时代发展的必然趋势。而会计的管理职能、会计的决策分析职能是机器难以完全替代的，还是需要人脑的分析，这将对会计人才的要求越来越高，高级会计人才将成为社会的稀缺人才。从这方面分析，会计工作是在机器替代人基础上的人控制机器。同时，会计智能化以后，虽然直接从事会计工作的会计人员会减少，但社会对懂会计的复合型人才的需求反而会增多，否则，会计的智能化将无法实现。

由此可见，随着互联网、人工智能的发展，会计将走向智能化，基础的会计核算工作将逐步为机器所替代，社会对一般的会计人才的需求将会减少，但会计的智能化需要人来控制，会计将转向管理会计，社会对高级会计人才的需求将越来越多，因此，对会计人才培养和会计队伍建设来说，社会要加大对高级会计人才的培养，使会计工作适应经济社会发展，为经济社会发展提供人才保障。

二、会计人员衡量标准是会计证资格还是会计职称资格？会计人员要通过会计职称考试提高理论水平和业务能力

会计是一项业务工作，做会计工作需要懂会计业务，需要专门的学习，这是做会计工作的基本要求，是进入会计行业的门槛。没有专门的学习，没有掌握基本的会计知识，要做好会计工作是举步维艰的。长期以来，作为政府会计管理部门的财政一直采用会计证的方式，即会计上岗之前必须考到会计证才能从事会计工作，否则，就没有资格从事会计工作。会计证是会计工作者的凭证，会计证制度基本确保了会计从业人员的基本素质，也确保了会计行业的技术含量。要从事会计工作，必须先考到会计证，因此，每年的会计证考试是社会众多考证中最热门的项目之一，吸引众多考生的参与，有许多财经院校的学生在没有毕业之前就积极参与会计证的考试，以便为未来就业增加竞争力。

近年来，随着政府放管服改革的推进，政府转化为服务型政府，为社会提供更好的服务，给企业和社会减负成了政府为社会服务的一项重要工作，国家也从2017年11月起正式取消会计证考试。会计证考试没有了，但不等于会计工作的门槛没有了，不等于会计工作没有技术含量了，更不等于人人都可以从事会计工作，都能够胜任会计工作。会计职称考试很快变得热门起来，尤其是初级的助理会计师考试，每年报考人数增长很快，会计职称已成为行业公认的会计从业门槛。2017年浙江省助理会计师考试报

名人数为8.78万人，2018年猛增到18.16万人，2019年达18.90万人，其他省份的情况基本类似。会计职称考试，包括初级、中级和高级考试，是衡量会计人员执业能力的标志。初级职称是会计工作的基本要求，中级职称是会计管理的标准，高级职称则是更高会计管理的需要。一般来说，企业规模越大对会计人才的要求越高，其高级会计人才的比例也越高。

会计职称是衡量会计人员技术水平、工作能力和管理要求的标准，是会计人员能力进步的体现。在会计证考试取消后，会计职称尤其是初级会计职称，成为衡量会计工作胜任度的标准。会计职称考试人数的逐年增加，也反映了这种需求。由此可见，会计证取消后，会计人员要更重视会计职称考试，把会计职称考试作为从事会计工作的门槛，作为会计能力进步的要求，而负责会计管理的财政部门更要把会计职称考试作为会计队伍建设的抓手，服务好会计考试工作，使会计工作做到人和岗位相适应，提高会计管理水平，从而更好地为经济社会发展服务。

三、会计继续教育是参加网络继续教育还是面授继续教育？会计人员要通过不断的学习提高适应财会事业发展需要

由于会计改革的不断推进，会计制度准则的不断出台，会计事业发展的不断进步，会计人员必须终身学习，不学习、不思考、不研究是无法从事或无法胜任会计工作的。会计继续教育就是为满足会计人员继续学习的需要而产生的，这项工作由各级政府的财政部门来组织实施，是财政工作的基础和组成部分。长期以来，会计人员的继续教育主要以面授的方式，由各级财政部门组织或财政部门委托中介机构来实施，但由于会计人员多、队伍庞大，加上能力水平的参差不齐，会计人员继续教育组织的工作量非常大。近年来，随着信息技术的发展，尤其是互联网技术的发展，网络学习应运而生，国家会计学院与有关财经院校，以及一些民营教育培训机构纷纷投入会计网络教育的行列，会计继续教育的网络学习发展很快。

会计网络继续教育和线下的面授相比，学习的时间比较自由，只要有时间随时可以学习。学习的内容选择余地也比较大，涉及各种财务会计知识、会计准则制度、宏观经济形势、财经纪律等内容。同时，网络学习收

费的标准低，学习的成本低，也不用外出学习，只要有电脑、有网络就可以学习。由于网络学习的优势，网络学习很快为会计人员接受，如今，大量会计人员的继续教育采取网络学习方式。当然，除了网络学习之外，各级政府的财政部门也会组织一些面授的教育培训或委托国家会计学院、部分财经院校来组织培训，主要为高级会计人员的继续教育服务，因为对高级会计人员的要求更高，一些高级会计人员也希望和授课教师面对面交流和探讨，以提高学习的效果，增强工作的能力。当然，和网络继续教育相比，线下的面授教育因为是集中办班、师资要求高、内容新，收费的标准也高，相应学习的成本也高，这是目前会计人员继续教育网络教育和面授学习的主要区别。

会计人员每年要参加继续教育是国家财政部门提出的明确要求，虽然没有强制的手段和必要的处罚机制，但作为合格的会计人员，要胜任会计工作就必须参加继续教育的学习。会计人员可以结合工作的需要和个人的要求，自由地选择网络教育或线下的面授培训。从实际开展及继续教育的需要来说，一般会计人员更多地采用网络继续教育的学习方式，高级会计人员可以把网络教育和线下的面授学习结合起来，以拓宽视野，提高工作能力，使自身的能力和会计工作的需要相匹配。

天价学区房凸显了教育资源配置的不均

人类要生存和发展，必须解决吃穿住行等基本的生活和生存问题。住房是人类生存和发展的基本需要，是生活必需品，有满足人类的消费需要的功能；同时，住房又是财产的体现，能够满足人类的投资需要，有保值增值的功能。但对于具有投资功能的住房，其价格必须反映价值，反映市场供求关系，否则，住房投资会面临很大的风险，甚至给投资带来损失。据有关媒体报道，北京市西城区一个 4.4 平方米的平房以 135 万元的价格售出，每平方米的价格超过 30 万元，价格严重背离价值，主要是因为该平房对应的是片区名校，才爆出了天价学区房的现象。尽管这是天价学区房的特殊案例，却引起了社会的广泛关注。

论居住功能，4.4 平方米的平房仅够放一张床，是不适合居住的，也无法居住。人们之所以愿意花巨款购买，主要是看中平房所在的学区，人们购买的主要是进入名校的入场券。一般认为，孩子进入好的幼儿园、好的小学、好的初中，就比较容易考入重点高中进而考入重点大学。2017 年末，本科生占总人口的 6%，高中升学率才为 50%，2019 年本科录取率为 16.19%。同时，中国人又有重教的优良传统，做家长的都有望子成龙、望女成凤的愿望，都不希望自己的孩子输在起跑线上，不管有没有能力，购买学区房、上名校成了不少家长的不二选择。

天价学区房表面上是房价问题，实质是学区问题，反映的是教育资源主要是教师资源的配置问题。可见，隐藏在天价学区房背后的是教育资源配置的不均衡。基础教育尤其是义务教育作为基本的公共产品，是由政府提供的。提供公共产品满足社会公共需要是政府的基本职能。接受义务教育是每个公民的基本权利，我国政府对教育也是非常重视的，教育支出一直是政府财政支出的重点，教育发展的经费也得到有效的保障，2012年国家财政性教育经费支出为2.2万亿元，占GDP的比重达到4.28%，超额完成了2010年《国家中长期教育改革和发展规划纲要（2010—2020年）》提出的4%的目标。虽然我国的教育得到了发展，教育经费得到了保障，但我国的教育资源配置是不均衡的，教育资源尤其是优质的教师资源主要集中在城市或城市的部分学校，天价学区房就是这种教育资源配置不均衡的体现。

尽管这种教育资源配置有城市化发展的必然趋势，但和政府基本公共服务配置均等化的发展目标是不相适应的，任由其发展所造成的危害也是长远的、无形的和严重的。一方面，这不利于缩小区域差距和城乡差距，不利于推进城乡一体化和区域均衡发展。目前全国高校尤其是重点高校中来自农村的学生越来越少，主要是由农村教育资源缺乏造成的，从而使得农村人才缺乏，进而影响农村经济社会发展，给城乡一体化发展带来困难。另一方面，还会造成贫困的代际传承。贫富差距是客观存在的，如何避免贫者越贫、富者越富，贫富差距不断扩大的"马太效应"？发展广大农村和欠发展地区的教育，是避免贫困的代际传承，实现农村地区和欠发达地区脱贫致富的有效途径，而教育资源配置集中在城市反而会使政府缩小贫富差距变得更加困难，不利于城乡之间、地区之间的均衡发展。同时，教育资源配置的不均衡，也会引起社会的不满。因为就近入学，尽管避免了权力对入学的干预，在某种程度上增加了公平，但就近入学从拼权力转为拼财富，因为只有高收入者才能买得起高价的学区房，就近入学反而成了就富入学，这样，低收入人群就难以享受优质教育资源。因此，只有均衡配置教育资源，这些问题才能迎刃而解。政府必须从这方面着手，为社会创造公平的教育机会，配置好教育资源，推进公共教育服务的均等化。

第一，增强中央财政承担义务教育经费保障的责任。义务教育发展得好不好，经费保障是基础。接受义务教育是每个适龄学生的基本权利，而政府是经费保障的责任主体，需承担相应的义务，以保障适龄学生接受义务教育权利的实现。虽然我国九年制义务教育的经费得到了有效的保障，目标已经实现，但我国义务教育经费主要由县市政府承担，责任主体主要是县市政府，上级财政尤其是中央财政很少承担义务教育的经费保障，这也导致了义务教育经费保障的差距及义务教育地区之间和城乡之间的差距。既然义务教育是国民的基本权利，全国义务教育发展就应该大体均衡，这才有利于人口的流动和统一市场的形成。要实现这一目标，中央财政应该承担更多的责任；也只有中央财政承担更多的责任，义务教育均衡发展才能更好地实现。党的十八届三中全会提出，中央应该上收一部分事权，把义务教育的事权适当上收，由中央财政承担相应的责任，以推进义务教育均等化的实现。

第二，完善义务教育教师的流动制度。发展义务教育，体制机制是基础。只有建立了好的适应义务教育发展需要的体制机制，义务教育的发展才能走向均衡发展的轨道。应该说，我国的基础教育体制机制在不断地健全和完善，但教师流动的体制机制是不健全或者是不完善的，农村教师往城市流动、普通学校教师向重点学校流动是畅通的，而城市学校的优质老师往农村流动、重点学校的教师往普通学校流动是不畅通或者是很少的。也就是说，教师流动基本是单项的，这使得优质教育资源尤其是优质教师资源集中于少数学校，这也是天价学区房形成的主要原因。要改变教师资源配置的不均衡，优质教育资源的过度集中，必须建立教师资源流动的机制。一是建立教师的轮岗交流制度。岗位交流有利于教育资源的优化配置，也有利于教育均等化的实现。应建立名校和普通学校之间、城镇学校和农村学校之间教师定期交流制度，鼓励名校的教师到普通学校和农村学校去交流，把普通学校和农村学校的教师带动起来，使更多的教师提高教学水平，以避免优质教师资源的过度集中和教育资源的差距过大，使普通学校、农村学校的学生也能享受到优质的教育资源。二是规定年轻教师到基层学校和农村学校锻炼的制度。基层学校和农村学校缺人才和优质的师资，这是基层教育和农村教育落后的根源，而基层是锻炼人才的舞台和基地，也是人才发挥作用的舞台和基地。要鼓励年轻的教师到基层学校和农村学校锻炼，并把教师的基层锻炼和农村锻炼作为选拔优秀教师的依据，使年轻教师愿意到基层或农村教学。同时，要提高农村教师的待遇，使农村教师和城镇教师享受同城待遇，包括工资方面的，也包括医疗、住房等福利方面的待遇，为教师的流动创造条件，提供可能。

　　第三，推进名校规模化办学的发展模式建设。要改变教育资源配置的不均衡，义务教育规模化是比较可行的办法，主要利用名校的优质教育资源，扩大名校的办学规模，使更多的学生能够享受名校的优质教育资源。同时，我国人口老龄化、家庭小型化趋势的发展，也为义务教育规模化发展创造了条件，提供了可能。地方政府应该把规模办学、联合办学作为发展义务教育的有效途径，地方政府可以建立以名校为基础，把一般的学校并入名校，建立名校不同的分校或校区的办学模式，这类分校或校区既包括城镇的，也包括农村的，分校或校区之间的教育资源能够自由流动，使优质的教育资源惠及更多的学生，自然也能在某种程度上改变学校与学校之间的差距，使教育资源均等化的配置得以实现。

　　第四，全面提升教师的素质。义务教育发展得好不好，关键在教师，在于教师队伍的整体素质，而素质又是可以培养、提高的，各级地方政府和教育管理部门必须转变发展观念和思路，不要把发展教育的重点仅仅用在教育的基本建设上，光增加教育投入是不够的，这不是解决教育问题的主要办法；当然，必要的教学设施和教学设备是教育发展必需的，但这不是教育的核心和关键。关键是要用好教育的经费，把资金用在发展的"刀刃"上，把教师素质的提高作为发展教育、提高教学水平的关键和突破口来抓，加大对基层教师尤其是农村教师的培养和培训。一是提高教师队伍的准入门槛。从事教育工作必须要有教师资格证，这是对教师的基本要求，对没有教师资格证的教师，必须给予清退。同时，对新进的教师必须要有全日制大专以上的文化程度，城镇学校应提高到大学本科以上，把优秀的人才吸收到教育战线，这是由教师这一特殊岗位决定的。二是加强对教师的培训。教师的职业决定了要成为合格的教师必须要终身学习，否则就跟不上教育发展的需要，甚至误人子弟。当然，学习主要以自学为主。除了自学之外，教育主管部门必须加强对教师的培养，给教师尤其是基层教师、农村教师提供更多继续教育或继续学习的机会，定期组织教师培训，使教师的知识和教学方法适应教育发展的需要，使教师的整体素质得到提高，缩小名校和普通学校、城镇学校和农村学校之间教育质量的差距。

宜家体验工匠精神

国家提出要发扬工匠精神，提升中国制造业和服务业的竞争力，使中国更多企业和产品走向世界。

什么是工匠精神？是精益求精的技术，还是一丝不苟的执着？是一业为主的特色经营，还是多元发展的多种经营？是股权单一的家族企业，还是股权多元的集团企业……宜家之行，我对工匠精神有了更深的感性认识。

宜家创建于20世纪40年代，是瑞典的一家从事家具家居经营的跨国连锁零售商，是一家世界知名的家具家居零售商。杭州宜家位于郊区的乔司镇，这里离主城区有一定的距离，但交通便利。因为乔司是沪杭线上的重镇，地理位置重要，沪杭铁路及沪杭、杭浦高速公路都经过这里，杭州地铁1号线也通过此地。把商场落户在乔司，宜家是做了充分调查研究的，既有利于配送，又有利于节约创业成本，郊区的地价、房屋租金大大低于市区。应该如何为企业选址？不仅要考虑有足够的消费群体，也要考虑企业的创业成本，宜家选址充分考虑了物流成本和创业成本。

宜家整个商场分四层，地下一层和地上三层。地下一层和地上一层是停车场，符合国外商业理念：大商场配套大停车场，方便消费者的出行。二、三层是商品展示区，从三楼进二楼出，有规范的路线图。三楼以家具为主，有各种橱柜、床、办公设备等，属大件商品；二楼以家居为主，有餐具用品、照明用品、纺织用品等，属小件商品。整个商场面积很大，但布局合理，路线有序，不会出现刘姥姥逛大观园——迷路和迷失方向的问题。要把商场逛完没有一定的时间是不行的，你一时半会是走不出商场的，这是宜家布局的讲究，即如何留住消费者又方便消费者，使消费者不知不觉在商场购物中愉快地度过时间。

宜家以家具家居为主，各种商品琳琅满目，你能想到的商品这里都有，更令人惊叹的是，只要你能想到的需求，在这里都能找到相应功能的商品。宜家的家具家居系列充分考虑消费者的需求，精益求精体现在各种细节上。从设计理念上看，宜家商品的设计理念超前，把消费者的需求放在首位，充分考虑到空间的有效利用、功能的多样性、色彩的简洁性，不赶时髦，追求永恒；从产品质量上看，宜家的产品有严格的质量体系，对消费者负责；从商品安全性看，宜家用环保的原料，让消费者买得安心、用得放心，使用宜家的商品没有后顾之忧；从市场价格定位看，宜家的产品市场价格定位合理，适应大众消费，保持薄利多销，让利消费者，这为宜家赢得了市场，赢得了消费者；从经营特色看，宜家专营家具家居，商品也是围绕家具家居做文章，延伸产业链，提高产品的质量和档次，保持了行业特色，赢得了行业地位和市场认可；从不同的角度考量，不断满足市场需求是宜家的经营之道。商品环保、简洁、大气，价格也合理，这是宜家不断扩展、走向世界的根本所在，让我知道如何在激烈的市场竞争中脱颖而出。

在宜家，更奇怪或更令人费解的是很少看到服务员，除了顾客还是顾客，这是和我们国内商场的重要区别。国内商场，营业员多于顾客是司空见惯的，宜家却例外，不养闲人，这是宜家在商业竞争中保持不败的原因之一，也是宜家降低成本、确保员工的满负荷运转以提高效益的方法之一。

选好商品后付钱，装采购的商品得用购物袋，人们自然想到商场的塑料袋，宜家不提供也没有塑料袋，想买也没有，这是和国内商场的又一区别。这不是钱的问题，虽然这给消费者带来了不便，但宜家却坚持了环保的理念。珍惜环境、爱惜家园，是宜家的环保理念，也是市场主体的社会责任。

他山之石，可以攻玉。闲逛宜家，虽然仅仅是走马观花式地看看，也没有深入地调查研究，但却体验了宜家的商业文化，对工匠精神有了更深的理解：以消费者为中心的服务理念，以质量为中心的品牌塑造，以效益为中心的成本控制，以节约资源为中心的环保坚持等，这些都应该是工匠精神的体现，是值得学习和提倡的。

第一，以消费者为中心的服务理念。需求决定供给，而需求又是由消费者决定的。"物竞天择，适者生存。"市场竞争是激烈的、无情的，离开或者失去消费者意味着企业在市场竞争中或被淘汰或走向衰亡。企业只有以"用户需求为第一需求"，迎合市场需要、适合市场发展，企业在市场竞争中才能生存、才能发展。宜家之所以成功，一条重要的经验就是以"消费者为中心"的经营理念，在服务上方便消费者、在价格上让利消费者、在环保上给消费者安全、在质量上使消费者放心等，从而赢得消费者信赖，使企业走向世界。同样的市场环境，同样的竞争条件，我国企业意识到市场竞争的无情，"消费者是上帝"的服务意识、服务理念开始被广大企业接受，但真正实施和确立以"消费者为中心"的服务理念的道路依然任重而道远。假冒伪劣、坑蒙拐骗等破坏市场公平竞争的行为时有发生，这是我国一些商品难以进入世界主流市场的重要原因。虽然市场竞争是残酷的，但市场竞争又是公平的，没有捷径可走，企业必须围绕市场做文章，确立"消费者的中心地位"，抓好经营、做好服务，企业才能生存，才能发展，才能壮大，才能强盛。

第二，以质量为中心的品牌塑造。供给产生需求。企业的竞争归根到底是产品的竞争，产品的竞争实质是质量的竞争，我国消费者竞相到日本购买电饭煲、马桶盖就是这个道理。宜家从20世纪40年代创立开始，专注于家具家居，经过几十年的发展，在市场中赢得了信誉，赢得了消费者的认可，关键在于注重对品牌的塑造。宜家和众多成功的企业一样，由于几十年甚至上百年的坚持，才有今天的发展，这些都反复证明企业的生存之道、发展之道。应该说，经过改革开放40多年的发展、经过市场经济的洗礼，我国经济的竞争力明显增强，我国已成为全球制造业大国，中国制造开始逐步走向世界，但我国的竞争优势还主要体现在低档次、低价格方面，未来要走的路还很长。我国企业必须从品牌塑造着手，重视对知识产权的保护，生产有质量保证、有安全保障的产品，提供优质的服务，从中国制造向中国创造迈进，只有这样，企业才会做大做强，经济的竞争力才会增强。

第三，以效益为中心的成本控制。企业不同于政府，追求的目标是不同的，如果说政府是以社会效益为中心，为市场创造公平的竞争环境；企业则是以经济效益为中心，通过经济效益的提升以实现社会效益，因此，企业经营发展的首要目的是追求经济效益，追求资本价值最大化，挣钱是企业的目的所在。而要实现资本价值最大化，提高经济效益，提高竞争力，除了做好规模的扩大、市场的占有之外，关键要控制经营成本。宜家作为来自高福利国家瑞典的跨国零售企业，控制成本的做法很多，但其中控制劳动力成本的做法是比较有效的，主要采取调动员工劳动积极性的办法，避免无效用工，确保宜家的竞争力。宜家是这么做的，也是这么坚持的。在企业的所有成本中，劳动力成本不断提高是共性的问题，这既是经济发展的必然，也是收入分配结构调整的需要，对企业来说，要应对劳动力成本过快上升带来的成本压力，最有效的办法是提高劳动者的素质，提高劳动效率，把成本降下来。

第四，以节约资源为中心的环保坚持。盈利是企业生存和发展的基础，但企业的盈利必须建立在合法、合理经营的前提下。由于资源的稀缺性，任何不计资源的生产都是对社会资源的浪费，是一个有社会责任感的企业所不齿的。利用好资源、保护好环境，是企业的社会责任；节约资源、保护环境就是保护地球、保护我们大家的家园。宜家是瑞典的外资企业，而瑞典作为全球森林覆盖率最高的国家之一，非常重视资源的有效利用和生态环境保护，对企业有严格的环保限制和环保要求。宜家把节约资源、环保追求纳入了企业的经营之道，从产品到服务，使消费者买得放心，消费得放心。改革开放40多年来，我国的经济发展的确取得了举世瞩目的成绩，我国已经成为全球第二大经济体，但这种发展也付出了不少代价，包括对资源的耗费和对环境的破坏。我国未来的发展主要依靠转变经济发展方式，推进"经济节约型和环境友好型"社会建设，以减少对资源和能源的耗费，从而提高经济竞争力。所有企业必须肩负节约资源、保护环境的社会责任，把节约资源、保护环境作为自觉的行动，推进经济发展方式转变。任何企业不能因为自己的私利或图一时之便而损害社会的公共利益，浪费资源和破坏环境，因为损害社会公共利益最终也会损害企业的利益。

第六章　农村改革全面深化

财政助推"美丽乡村"建设

按照党的十八大提出建设"美丽中国"的要求，2013 年中央一号文件明确提出要加强农村生态建设、环境保护和综合整治，努力建设"美丽乡村"，从国家层面首次提出了"美丽乡村"建设。美丽中国不仅包括城市，更应该包括农村，不能因为工业化和城市化的发展，而忽略了农业现代化和新农村建设，否则，工业化和城市化是不可持续的。

由于各地经济发展水平和资源禀赋的不同，"美丽乡村"建设在全国没有统一规定和固定模式，也难以按统一的标准要求，但无论如何，"美丽乡村"建设是新时期政府解决"三农"问题的继续和深化。从国家支农发展上看，"美丽乡村"建设是新农村建设的深化，是新农村建设目标的具体化。党的十六届五中全会提出了对"生产发展、生活宽裕、乡风文明、村容整洁、管理民主"社会主义新农村的具体要求。经过新农村建设的实践，农村的面貌有了明显的改变，但离"美丽乡村"的要求还有不少的距离。国家通过"美丽乡村"建设，把新农村建设目标具体化，体现了国家在新农村建设上的与时俱进。从城乡关系上看，"美丽乡村"建设体现了城乡一体化发展的要求。城乡是一个整体，没有农村小康，就没有全面小康；同样，没有乡村的美丽，就没有国家的美丽。按城乡一体化的要求建设"美丽乡村"，是新时期工业反哺农业、城市支持农村的具体体现，反映了城乡一体化发展的理念和发展的要求。从科学发展观的要求上看，"美丽乡村"建设是生态文明在农村的实践。党的十八大把生态文明建设提高到与经济建设、政治建设、文化建设、社会建设一体的高度，而"美丽乡村"建设是生态文明建设的重要组成部分，把"美丽乡村"建设和生态文明建设有机结合起来，体现了生态文明建设在农村实践的具体要求。

由此可见，"美丽乡村"建设包括农村基础设施的改善、农村环境的治理、农村文化的传承和保护等方方面面，具体要求体现在农村要实现道路硬化、环境绿化、河道洁化、饮用水净化、路灯亮化等方面的内容，这涉及农村的道路交通建设、村容村貌治理、饮用水治理、文化设施改善等公共服务体系建设。而这些农村公共服务体系建设，基本上没有经济效益或效益不好，因此市场主体不愿意投资或无能力投资，这是市场配置资源失灵的领域；社会效益好，农村经济社会发展是不可或缺的，这关系农村发展的长治久安，是国家长期以来对农村公共服务投资的欠账，因而需要政府的介入，这离不开公共财政的支持。建设"美丽乡村"，为农村提供更多更好的公共产品，满足农村改革需要，是公共财政的本质要求，是公共财政覆盖农村的具体体现。

建设"美丽乡村"，必须按照城乡一体化发展的要求，从解决当前农民最突出、最迫切的民生问题入手，让政府提供的公共服务覆盖农村，使农民能够享受政府提供的基本公共服务。但是，"美丽乡村"建设涉及面广，投入大，投资多，财政必须发挥好财政资金"四两拨千斤"的作用，积极筹集资金，加大投入力度，推进"美丽乡村"建设。

第一，"美丽乡村"建设要和公共财政向农村覆盖相结合。"三农"问题关系国民经济和社会发展的稳定，我国政府历来重视"三农"问题，尤其是党的十六大以来，按照统筹城乡经济社会发展的要求，公共财政加大了对农村的投入，加快了向农村覆盖的步伐，把农村公共服务体系建设逐步纳入公共财政的保障范围。不少地方农村的公共服务体系建设有所改善，但由于受政府财力的限制，我国公共财政对"三农"的投入水平和保障水平仍是低的，离农业的发展、农村的需要、农民的需求还有很大的距离。"美丽乡村"建设体现了政府要完善农村公共服务体系的决心和作为，体现了公共财政加快向农村覆盖的广度和力度。为推进"美丽乡村"建设，公共财政要进一步加大对农村的投入，各级财政都要把"美丽乡村"建设作为政府的职责，作为财政民生支出的重要组成部分，既要在财政增量资金上做文章，也要在财政的存量资金上想办法。在每年的财政预算安排中，"美丽乡村"建设资金必须要保障，要千方百计挤出资金，增加对"美丽乡村"建设的投入。在财政预算困难的情况下，政府可专门切出一部分土地出让收入，用于"美丽乡村"建设。与此同时，公共财政要加大对财政支农资金的整合，集中财力，重点支持与农村面貌、农民生活改善关系密切的农村环境治理、农村道路整理、农村饮用水净化等方面，以加快农村公共服务体系建设。

第二，"美丽乡村"建设要和市场主体的参与相结合。"美丽乡村"建设需要大量资金，而这些资金完全依靠政府财政，在目前财政职能不断扩大，财政支出压力日益扩大的前提下，不少地方财政是心有余而力不足的。但随着我国经济的发展，工业化、城市化水平的提高，已经具备"工业反哺农业，城市支持农村"的社会条件，一些民间资本、民间人士有能力也愿意支持新农村建设。地方政府要积极创造条件，提供更好的服务，把更多的民间资本引入"美丽乡村"建设。同时，"美丽乡村"建设和农民的关系密切，基层政府要广泛发动、广泛宣传，组织和带动当地农民通过投工投劳等方式，主动参与"美丽乡村"建设，要充分发挥公共财政的作用和政府协调各方的优势，形成一个由政府主导、部门协作、社会参与和以农民为主体的推进机制，把财政的投入和民间投入结合起来，共同推进"美丽乡村"建设。而乡村各种丰富的旅游资源、人文资源、生态资源等是吸引民间资本、民间投资的重要因素。各地应在统一规划的前提下，有选择地吸引民间资本，投资"美丽乡村"建设。对投资"美丽乡村"建设的民间投资，针对贷款银行，可给以一定的财政资金贴息；针对投资收入，国家给予一定期限的税收优惠。同时，国家可通过制定相应的财税政策，吸引民间资本投资"美丽乡村"建设。

第三，"美丽乡村"建设要和中央财政的支持相结合。财政支农是财政的重要职能，"美丽乡村"建设是财政支农的重要组成部分，而"美丽乡村"建设既有中央的职能，又有地方的职能，在政府职能没有完全鉴定清楚的前提下，中央财政和地方财政共同承担了"美丽乡村"建设的职责。中央财政用于"美丽乡村"建设的有不少财政专项，但地方要争取到中央财政的专项，一般要求地方财政给予一倍甚至更多的资金配套，这对地方财政来说是不小的压力，尤其是经济欠发达地区。面对中央财政的"美丽乡村"建设专项，地方财政必须转变观念，化压力为动力，积极争取中央财政的支持。可以说，一旦争取到中央财政专项，"美丽乡村"建设的步伐就能够加快，对"美丽乡村"建设是很大的促进，一些想做又没有能力做的"美丽乡村"建设项目就可以提前实现。

第四，"美丽乡村"建设要和农村经济发展相结合。"美丽乡村"建设包括农村环境的治理、饮用水的净化、农村大礼堂等公共设施的建设等，这些"美丽乡村"建设项目，有些投入是一次性的，有些投入是长期的，而有些既是一次性的投入维护又是长期的。如果这些投入都靠地方财政来支持，财政是难以为继的，因此必须依靠农村集体经济来保障，集体经济是"美丽乡村"建设推进的重要因素。而通过"美丽乡村"建设，改善了农村的发展条件，有利于相关的物业、休闲旅游、农家乐等农村经济的发展，有利于提高农产品的商品率和竞争力，增强农村的经济实力。财政支农要把乡村集体经济发展作为"美丽乡村"建设的重要内容，支持乡村集体经济的发展；要把乡村集体经济的发展和"美丽乡村"建设有机结合起来，鼓励乡村发展有发展前景、有稳定收入来源的物业经济、旅游经济等，把资源优势转化为经济优势，确保"美丽乡村"建设有稳固的收入来源，从而不断推进"美丽乡村"建设。这样，村级集体经济发展了，不仅能够推动"美丽乡村"建设的深化，而且能够保持"美丽乡村"建设的可持续，夯实了"美丽乡村"建设的基础。

牢牢把握农业农村优先发展的财政着力点

李克强总理在做政府工作报告时提出，要抓好农业特别是粮食生产，14亿多中国人的饭碗，必须牢牢端在自己手上。农业是国民经济的基础，农业的稳定和粮食的安全是国民经济健康发展的保障。在国家的重视和支持下，我国的农业得到了很大的发展，粮食生产保持了多年的连续增长，农村的面貌也得到了明显的改变，农民的生活水平得到了有效的改善，但同时，农村年轻人纷纷外出打工，农业人才大量流失，仅留下一些老年人从事农业生产，这一情况和现代农业的发展是不相适应的。农业、农村、农民问题必须引起足够的重视，未来的农村怎么办？把农业交给谁？这是政府发展农业、建设农村、振兴乡村时不得不考虑的。

农业人才流失的关键是农业不能提供更高的收入，对年轻人缺乏足够的吸引力，同时增产不增效的问题依然存在，农民难以在务农上走向致富。国家明确提出了农业农村优先发展战略，为农业农村发展明确了方向。只有实现了农业增产增效、农民增收致富，让农业成为令人羡慕的行业，农业的发展才有前途，农村的发展才有希望，国家的粮食安全才有保障。

第一，加快土地制度改革，实现农业规模经营。土地是财富之母，劳动是财富之父。农业生产和发展依靠土地，而我国的农村土地归集体所有，是公有制的有效实现形式。农村家庭联产承包制把土地的承包权分给了农户，并实现了土地承包经营责任制的长期不变，这给农户吃了"定心丸"，但土地承包权分属不同的农户，生产规模偏小，农业生产效益低，和社会化大生产不相适应，这不仅不利于现代农业的发展，也不利于提高农业的生产效益。要解决农业生产规模效益问题，必须改革农村的土地制度，在土地所有权集体所有的前提下，把土地的承包权和经营权分离，即实现农村土地的所有权、承包权和经营权"三权"分离，让土地的承包权流转起来，流转到农业经营大户、经营能手的手里，流转到更有效益、更有发展前途的领域，使土地资源得到更好的开发和利用，从而提高土地的使用效益。因此，国家要加快建设和完善农村土地市场，通过价格机制引导农村土地市场，让农村的土地承包权流转起来，壮大农业经营主体，实现农业规模经营，让农村承包经营的土地得到更好利用，产生更大的价值。当然，也可以通过土地入股的方式，让土地承包权流转起来，使土地得到更好的利用，实现农业增产、农民增收的目标。

第二，调整农业产业结构，提高农业生产效益。手中有粮，心中不慌。作为一个农业大国和人口大国，如何解决14多亿人的吃饭问题，始终是不可回避的现实问题，这不仅直接关系社会的稳定，而且关系国家的安全。如果像有些人说的把粮食问题建立在对外贸易的基础上，靠进口解决农产品的需求问题，虽然能够解决一时之需，但必然受制于人，不是长久之计。因此，对农业发展、对粮食生产在任何时期、任何情况下都是不能掉以轻心的，必须作为长期稳定的国家战略来思考。18亿亩的土地红线是不能触碰的，是必须保持的，这是确保农业发展、粮食安全的前提。在粮食稳定的基础上，根据国家主体功能区规划的要求，调整好农业的产业结构，推进农业供给侧结构性改革，对一些重点产粮区、粮食生产示范园区，要重点保障粮食生产，广泛种植适合市场需要的粮食品种，提高粮食的品质，满足市场需要；对一些非重点产粮区，则要加大农业产业结构的调整力度，发展多种经营，大量种植蔬菜、食用菌、水果、中药材、花卉苗木等农产品，满足市场需要，满足城市化发展需要。同时，要迎合市场需要，大力发展观光农业、大棚农业、休闲农业等特色农业，构建农业田园综合体，广开农业的就业门路，提高农业的经济效益，真正实现农业发展、农民增收的目标，以提高农业对发展农村经济、增加农村就业的带动作用。

第三，加强对农村劳动力的素质培训，提高农村劳动力的劳动技能。科学技术是第一生产力，农业的发展离不开科技的支持，现代农业必须走科技发展之路。而农民劳动力的素质直接关系农业科技的推广和运用。农村税费改革以后，政府公共财政加大了向农村的投入，地方政府通过财政买单的形式对农村劳动力进行劳动技能培训，提高农村劳动力的劳动技能，使农村劳动力更好、更多地向城市转移，推动城市化进程和城乡一体化发展。这种培训效果是明显的，但是，目前在农村开展的劳动力素质培训主要是非农的培训多，为农村劳动力向非农行业转型服务的；而对在农村发展，对从事农业生产的劳动力的培训并不多，似乎有顾此失彼之嫌，因为不是所有农村劳动力都想向非农转移或都能实现非农转移，但农业发展、农村发展也离不开高素质的劳动力，因此，农村劳动力素质培训必须多元化，必须加大对农村劳动力的农业技能培训，使他们能够掌握科学的农业生产方式，推动科技在农业生产中的运用，以适应现代农业发展，推动农村发展，提高农业劳动生产率，使农业能够做到增产又增收。

第四，大力发展职业教育，为农业发展提供人才保障。事在人为，从事农业生产，核心是人才的问题。农业的发展、农业的竞争和企业的发展竞争一样归根到底是人才的竞争。能够吸引或留住年轻的、有活力的、有创业精神的人才，农业发展就有美好的前景。现有的农村劳动力结构显然是不符合农业发展需要的，不利于农业科技进步，其根本出路还是要培养农业生产的一线人才。培养农村人才就涉及我国的教育体制问题，而我国目前的教育体系，应该说在国家的重视下，我国的高等教育有了很大的发展，但我国高等教育存在很大的问题，是高等院校片面追求大而全，培养的人才和社会需求脱节，和农业生产需要的大量应用人才的需求是不相符的，导致的结果是一方面大量的人才就业难，另一方面是广大的农村地区缺乏人才。农业发展更需要的是发展职业教育，培养应用型的农业技术人才，而这恰恰是我国教育的短板。因此，必须改革我国的教育体系，大力发展职业教育，通过学费的减免等优惠政策吸引农村学生接受职业教育，让更多的农村青年学子能够就近接受技能教育，培养农村发展、现代农业发展需要的应用型的技术人才，改变农村的劳动力结构，让职业技术人才成为农村发展、农业生产的主力军，为农村的发展、农业的增产、农民的增收创造条件，这才是农村发展、农业发展的希望所在。

第五，加快"美丽乡村"建设，缩小城乡差距。栽得梧桐树，自有凤凰来。按照统筹城乡经济社会发展的要求，公共财政加大了向农村的覆盖，以推进"美丽乡村"建设，促进城乡一体化发展。在政府的大力支持下，"美丽乡村"建设的实践改变了乡村的面貌，缩小了城乡之间的差距，增强了乡村的凝聚力和吸引力，使更多的年轻人和更有创业精神的年轻人留在农村，从事农业生产，推动了农业的发展和乡村的振兴。但在推进"美丽乡村"建设的过程中，由于受财力的限制，各地普遍采取"美丽乡村"建设试点的办法，一旦被纳入试点，就能得到政府大量的投入，从道路基础设施的改善，到环境整理和污水处理，以及公共服务的提供等，这也导致了乡村之间的差距拉大。因此在"美丽乡村"建设中，考虑到乡村和城市的差异，乡村投入的回报完全不同于城市，加大政府对乡村的投入是必需的。在此基础上，还要考虑乡村之间的平衡，既要"锦上添花"，更要"雪中送炭"，把"美丽乡村"建设点上的试点和面上的推进结合起来；既要抓典型，更要抓推广，让更多的乡村、更多的农民享受到"美丽乡村"建设给乡村振兴带来的福祉，让更多的乡村居民享受"美丽乡村"建设带来的公共服务，以推进"美丽乡村"建设，改变乡村面貌，让乡村成为更多年轻人施展才华的舞台。

总之，通过农村土地产权制度改革创造条件，农业结构调整提高效益，农村劳动力素质培训和职业教育发展培养农业人才，"美丽乡村"建设吸引人才，这些都是农业发展、乡村振兴必不可少的。党的十九大提出的实施乡村振兴战略，为乡村的发展描绘了美好的前景。在国家政策的扶持下和公共财政的作用下，农业发展、乡村振兴、农民富裕不再遥不可及，农民成为令人羡慕的职业必将成为美好的现实。

财政要积极为确保粮食生产提供政策支持

"民以食为天。"农业是国民经济的基础，没有粮食的保障，经济社会发展和稳定就无从谈起，粮食问题直接关系经济发展、社会稳定和国家安全。确保粮食稳定和安全是政府的职责，2014年中共中央、国务院发布的《关于全面深化农村改革加快推进农业现代化的若干意见》专门提出"完善国家粮食安全保障体系"，要"抓紧构建新形势下的国家粮食安全战略。把饭碗牢牢端在自己手上，是治国理政必须长期坚持的基本方针。……任何时候都不能放松国内粮食生产，严守耕地保护红线，划定永久基本农田，不断提升农业综合生产能力，确保谷物基本自给、口粮绝对安全"。把粮食稳定和安全提高到新高度，把经济社会发展和粮食安全有机结合起来，牢牢把握粮食生产的弦，始终不放松粮食生产。应该说，作为农业大国和人口大国，我国历来重视粮食生产，改革开放也是从农村土地承包制开始，率先解放了农村生产力，确保了粮食生产和农业发展。尤其是近年来，国家进一步加大对农业的投入，建立粮食生产稳定增长机制，确保了我国粮食生产连续多年的稳定增长，有效解决了城乡居民的"吃饭"问题。但是，我们还必须清醒地看到，随着人口的自然增长，工业化、城市化的发展，大量耕地的减少和水土的流失，以及城乡居民消费结构的调整和提升，社会对粮食消费的需求不断增加，粮食安全面临越来越严峻的挑战。

稳定粮食生产，巩固农业基础地位，确保农业增产增收是政府财政支农工作的重点，而影响粮食生产和粮食增产的原因又是多方面的。公共财政在完善财政支农政策、增加"三农"支出的前提下，要发挥好财政资金和政策的引导作用，必须把财政支农资金用在"刀刃"上，用在粮食生产的薄弱环节，以达到粮食增产和农民增收的目的。

一是加强良种培育，推进农业科技进步。发展粮食生产，土地是基础，国家从事粮食生产的土地又是有限的，而随着工业化、城市化用地的增加，以及环境的改变，使得水土流失加剧，农业生产的土地甚至还会减少，尽管国家严格控制用地规模，限制土地的减少，规定了农业用地的底线，但土地减少尤其是优质土地减少是不争的事实。这样要确保粮食增长更多的要在提高产量上下功夫，这方面也是有潜力可挖的，如我国杂交水稻培育成功就是很好的例证。提高粮食的亩产量的主要途径是靠农业科技进步，这除了农业机械化水平提高之外，良种的培育和新良种的推广是关键，在农业生产中尤为重要，这是农业科技的重要组成部分。但是，培育良种需要农业科技部门和农业科技工作者长期的努力，需要政府大量的投资，不仅投资规模大，而且投资周期长，投资见效慢，投资风险大，这是企业主体或市场行为难以承受的，所以需要公共财政的扶持。国家在财政支农资金的使用中，必须拿出一定量的资金用于良种的培育和推广，支持农业科研院所的实验基地建设和公共平台建设，为农业科技创新创造条件。同时，发挥财政资金"四两拨千斤"的作用，引导和鼓励民间资本投资农业科技开发，对民营资本投资农业良种培育的，给予一定的财政资金补助，为农业发展粮食增长创造条件。

二是发展农村粮食生产合作组织，实现土地规模经营。农村土地联产承包制是我国农村基本的经济制度，其把土地所有权的集体所有制和农民个人承包土地使用权有机结合起来，既解放了农业生产力，推动了农业发展，又把农民从土地的束缚中解放出来，提高了劳动生产率。但是，农村土地联产承包制使土地生产经营家庭化、小型化，这和现代农业的发展要求的规模化、现代化是不相适应的，不利于大型农业机械化的实现，也不利于粮食生产的增长、农业生产经营的增效和农民的增收。要解决家庭联产承包制和现代农业对规模经营要求之间的矛盾，必须推进土地规模经营。但是，土地作为基本的生产资料，是农民粮食来源的保障，让农民放弃土地是不现实的，也是不符合国家制度规定的。国家农村土地承包政策明确规定，农民对承包土地有占有、使用、收益、流转及承包经营权抵押、担保权能。一种有效和比较可行的解决办法是由村级集体组织出面组建村级粮食生产合作组织，作为农业生产主体，在确保土地使用权不变的前提下，允许农民把土地使用权有偿转让给村级粮食生产合作组织，再由村级粮食生产合作组织重新整合村级土地资源，实现农村土地的规范经营。政府的职责是鼓励和支持村级土地规模经营，对农村土地流转工作做得好、土地规模经营有成效的村级集体组织给予适当的财政补助，以鼓励和支持土地规模经营，并引导更多的土地用于粮食生产，确保土地生产经营方向，实现农业的稳定发展和粮食产量的稳定增长。

三是推动农田水利基础设施建设，奠定农业粮食生产基础。基础不牢，地动山摇。不同于工业和服务业，农业之所以被列入弱质产业，需要政府政策的扶持和财政资金的投入，是因为农业有天然的弊端，受自然环境的影响大，靠天吃饭是农业的一大特性。但这不是定律，不是不可以改变的，农业的部分生产条件是可以改变的，有些是可以创造的，这样，农田水利基础设施建设在农村生产发展中显得尤为重要，这是农业发展和粮食增产的有力保障。如古代水利工程都江堰解决了成都平原的灌溉问题，使成都平原成为国家的粮仓，也使四川盆地有了"天府之国"的美誉。更何况我国又是自然灾害频发的国家，如南方多洪涝，北方缺水多干旱，不利于农业生产的发展。防洪抗灾，兴修农田水利建设，避免自然灾害，是确保农业发展、粮食增收不可回避的项目，是确保粮食安全的基础所在，也是政府的职责所在和公共财政作用所在。但农田水利建设一方面建设项目多，政府欠账多，投资规模大，公共财政的资金压力大；另一方面涉及各级政府事权的划分，有些项目是基层政府所能解决的，是基层政府的职责所在，有些项目是跨区域的需要上级政府，甚至是中央政府的统筹安排，协调解决。农田水利建设事关农业发展和粮食稳定，从中央到地方各级政府都要重视，是公共财政必须要支持的，各级政府都要千方百计地从财政预算中安排一定的资金用于农田水利建设。同时，农田水利建设事关农村发展和农民增收，更要发挥村级集体组织和农民个人的积极性，通过农村综合改革财政资金安排"一事一议"的形式，引导村级集体组织和农民个人通过投工投劳的方式，参与农田水利建设，为农村发展和粮食增产奠定基础。

四是培养新型农业经营主体，提高农业劳动生产率。在推动农业发展和粮食生产的各种因素中，人是关键，起决定作用，推动着农业劳动生产率的提高和农村经济发展。随着人口的城市化和农业人口的流动，不少农村劳动力流向城市，转而从事二、三产业，工资收入已成为农村家庭的重要收入来源，不少留在农村的从事农业生产的主要是妇女和老人，使得农业劳动生产率低下，有些地方甚至出现土地抛荒现象。这种经营主体与经营模式和现代农业的发展要求是格格不入的，使得农业科技、农业现代技术难以推广和普及，农业劳动生产率难以提高，农业的基础地位和粮食的安全受到影响，长此以往，无论是对农村和农业的发展，还是保障粮食的安全和社会稳定，以及国民经济的持续、协调发展，都会带来消极影响。培养农业生产经营主体除了通过国家的支农惠农政策，实行种粮农民直接补贴、良种补贴、农资综合补贴等政策，使从事农业生产有利可图，实现农业增产、农民增收，吸引更多的农业人才从事农业生产经营之外，各级政府还应该出台相应的政策，安排一定的财政支农资金，用于对农村经营主体的培育，提高农业经营主体的生产经营水平，提高农业劳动生产率，以留住农村劳动力从事农业生产。同时，国家也要出台相应的政策，鼓励高校毕业生到基层、到农村创业，致力于农业生产经营，以改善农村人才结构，提高农业的科技水平。

居家养老托起了农村的"夕阳红"

随着国家政策向农村倾斜，城乡一体化发展的推进，农村变化最大的要数交通，不少农村通上了公交车，公交车也从城市延伸到农村，城乡之间的交通更方便了。交通拉近了距离，小村庄和城里连成一体，统筹城乡变成现实，振兴乡村有了基础。一些长期在外务工的村民，也陆续回家创业，在"三农"上做起大文章，改变传统农业的产业结构。有的种起了大棚蔬菜，一年四季有了新鲜蔬菜；有的种起了香菇，一年四季有了新鲜食用菌；有的办起了农产品加工厂，延伸了农业产业链。农业产业结构的调整，新型农业产业主体的兴起，使农业有了好收成，村民有了好收入，走上了致富的道路，不少家庭还买起了汽车、建起了新房，小村庄发生了大变化。同时，由于政府对"三农"问题高度重视，地方政府的公共服务大量向农村覆盖，家家户户用上了清洁自来水，解决了村民的用水健康问题；村里有了卫生保洁员，让农村生活垃圾有了统一的处理；村里还盖起了文化礼堂，让村民有了休闲娱乐的场所，如和城里人一样跳起了广场舞，春节时还办起了"村晚"，村民的生活是红红火火的，精神生活有了大变样；等等。尤其令人欣喜的是，村里对老年人的重视，地方政府在农村推行了居家养老工程，实现老年人的"老有所养"。

地方政府和农村集体组织对老年人非常重视，实行了解决老年人后顾之忧的居家养老新举措，这是未曾想到的。

人口老龄化是全球性的问题，不仅在发达国家比较严重，在发展中国家也是如此。在我国，随着家庭的小型化和人口的老龄化，老年人的养老问题已成为突出的社会问题，农村尤为严重。能否顺利解决农村的老龄化问题，直接关系是否能够全面建成小康社会。全面建设养老院，大力推广集中养老，在农村显然是不现实的，于是居家养老应运而生。居家养老是适合农村的一种养老方式，投入少，操作简单，推广方便。春节期间，通过对村里老年人居家养老的调查了解到，村里的居家养老作为农村养老问题的解决方式，消除了老年人的后顾之忧，受到村民尤其是老年人的欢迎，但村里的居家养老还是初步的，还有不少需要研究和改善的方面。解决好农村的养老问题还有很长的路要走。

第一，要处理好老有所养和老有所为的关系。随着生活水平的提高和医疗服务的改善，老龄化问题越来越严重，农村尤为严重，不少农村的年轻人外出务工，留在村里的大多是老年人和小孩。农村老年人多了，地方政府要更多地关注老年人，建立必要的社会保障制度，尤其是适应农村实际的居家养老制度，使老年人能够幸福地安度晚年，让老年人老有所养，共度夕阳红，这是地方政府和村级集体组织需要考虑的。但同时，也要看到老年人的作为，发挥农村老年人的作用，挖掘老年人的潜力，组织老年人做一些力所能及的事，如农村的社会治安巡防、老年人之间的相互照料等社会公益事业，使老年人老有所为，老有所乐。发展农村老龄事业，推广居家养老，必须把农村老年人的劣势和优势结合起来，实现老有所养和老有所为有机结合。

第二，要处理好有所为和有所不为的关系。农村居家养老涉及老年人的衣食住行等各个方面，是一项系统工程，涉及面广，如果这些事情都由地方政府来承担，地方政府既受财力限制，难以承受，又受人力的限制，难以顾及。因此，在农村居家养老的推广过程中，必须处理好有所为和有所不为的关系，核心是政府和市场的关系，即发挥好市场在资源配置中的基础性作用和政府的重要作用。政府要有所为有所不为，凡是市场能作用的、市场能做的，政府要放手市场去做；只有市场作用不到或市场作用不好的方面，由政府来承担相应的职责。如涉及居家养老的老年人的医疗问题，应该由地方政府来提供，建立老年人的家庭医生和健康档案制度，解决农村老年人"看病难、看病贵"的问题。而涉及老年人的吃饭穿衣等问题，应该由市场提供，农村集体组织提供必要的条件，以确保农村居家养老事业的可持续性。

第三，要处理好新增投资与资源整合的关系。在农村实施居家养老，要有必要的场所，如建立老年人活动中心等居家养老的场所，如果这些场所都要新建，这对地方政府来说是不小的压力，地方财政也难以承受。农村的居家养老必须从实际出发，地方政府除了必要的投资之外，要充分运营好农村的公共资源，做好资源整合的文章，如把农村的废旧的校舍、保留下来的公共祠堂等资源，进行必要的修缮，之后作为农村居家养老的公共场所。

第四，要处理好改革的单项突破与综合配套的关系。农村居家养老，说起来是养老问题，是农村养老的改革，但要解决好养老问题，又涉及多方面的改革。一是医疗问题，对老年人来说，最大的问题是医疗问题，农村新型合作医疗制度的建立，解决了农村"看病难、看病贵"的问题，农村看病也有医疗保障了，但农民看病要有地方，要有相对方便的农村医疗机构，村里就应该建立医务室，使农村老年人有地方看病，这是农村居家养老需要解决的问题。二是活动问题，要建立老年人活动中心，让老年人有活动的场所，使老年人相互之间能够互相交流、互相联系、互相帮助，满足老年人的精神生活需要。三是就餐问题，要建立公共食堂，解决老年人的吃饭问题。等等。农村居家养老的改革，不仅仅是简单的养老问题，还涉及娱乐、就餐等问题，是综合的改革。农村居家养老改革必须有相应的配套改革，农村居家养老改革才能走得更远，做到更好，才能更受欢迎，更有持续性。

文化礼堂工程活跃了农村文化

农村税费改革以来，尤其党的十六大以来，我国实施了统筹城乡经济社会发展战略，公共财政加快向农村覆盖，公共服务加快向农村延伸，公共财政资金加大向农村投入，先后推出农村新型合作医疗改革、新型农村养老保险制度改革等农村公共服务体系建设；先后实施了"千村示范、万村整治"的新农村建设，农村的面貌焕然一新；等等。农村的路通了，环境改善了，新房子多了，但农村依然留不住人，尤其是年轻人，村里留下的主要是妇女、老人和小孩，其中很重要因素是农村缺少文化生活，因为人不仅仅有物质需求，还有精神追求。我国在推动城市化、工业化、现代化的进程中，在实现"中国梦"的过程中，能不能放弃农村，任其发展？显然不能！发展中国家有过这方面的教训，"拉美陷阱"就是这样产生的，因为盲目城市化、过度城市化，由于城市容纳不了大量农民而产生的就业问题、住房问题、交通问题、环境问题，导致犯罪上升、失业增加、环境污染等，更何况我国作为世界上最大的发展中国家，人口多、底子薄、地区发展不平衡的社会主义初级阶段基本国情，使得我国在推进新型城市化的同时，要更加注重新农村建设、"美丽乡村"建设，使农民进得了城，又回得了村，农村留得住人，城乡互动、城乡互补，共同促进、共同发展。

正是在这种发展背景和要求下，浙江省从2012年开始启动农村文化礼堂工程，从文化礼堂入手，为农民打造精神家园，让其在"身有所栖"后"心有所寄"。政府财政专门安排财政专项资金，除部分新建外，主要把已有的旧祠堂、古书院、闲置校舍、大会堂和文化活动中心改建为文化礼堂。据了解，自2012年启动农村文化礼堂建设工作以来，浙江省各地陆续建成了农村文化礼堂，为广大农民开展节庆礼仪、乡风传承、教育培训和文体娱乐等活动提供了良好条件，成为浙江乡村新的文化地标。

文化是民族的血脉，是人民的精神家园。改革开放使农民的经济条件改善了，农民的口袋鼓起来了，但在某种程度上农民的文化生活却被忽略了、精神追求被忽视了，除了看电视外，农民空闲的时间大量花在打扑克、打麻将上，几乎少有称得上高雅的文化生活，精神生活单调，甚至可以说是空虚。物质文明和精神文明是相辅相成、缺一不可的，如果物质文明和精神文明只抓一头，光有物质，没有精神，社会主义农村就会失去方向，党在农村的领导力、影响力、号召力、凝聚力就会受到影响。乡村文化礼堂的建设，以及以文化礼堂建设为切入点推进农村文化生活建设，改变了农村的精神面貌，改变了农民的生活状况，使农民的精神生活得到改善，生活日益多姿多彩。农村不仅办起了腰鼓队、秧歌队、锣鼓队、健身队等，还享受了文化的洗礼，沐浴了文化的春光，而且在一些重要的节假日，如春节、中秋节、国庆节等，乡镇基层组织和农村集体组织也可以组织大型的乡村文化活动。同时，基层政府主要是县乡政府"送戏下乡""送文化下乡"也有实施的场所。公共财政在这方面的投入是值得的，是有效果的，是受农村和农民欢迎的。

百闻不如一见。文化礼堂工程的成功，农村文化建设的兴起和繁荣，农村公共财政资金使用的得当和有效，使得政府对财政支农资金的使用有了更高的要求。因为在推进城乡一体化发展、推进全面建成小康社会的过程中，财政支农政策的出台、财政支农资金的安排也曾出现过使用不当或使用效果不好的情况，如对"能繁母猪补贴"政策，就因为政策难操作，标准难统一，出现难以实施和实施效果不好的问题。因此，各级政府必须高标准、严要求、高质量地安排和使用财政支农资金，提高财政支农资金的使用效益和使用效果。

第一，选好财政支农项目，把财政资金用在"刀刃"上。由于城乡差距的客观存在，统筹城乡经济社会发展是个长期的过程和任务。从农村基础设施建设到农村公共服务体系建设再到农村社会化服务体系建设等，财政支农需要投入、支持的项目多，而公共财政的资金是有限的，政府财政支农既要"尽力而为"，又要"量力而行"，这样选择好财政支农项目就显得尤为重要。县乡政府作为农村支农建设的组织者和实施者，必须从各地农村的实际出发，按照农村经济社会发展的轻重缓急，对财政支农项目进行分类；根据财政支农资金的多少，分步实施，把财政支农资金用在"刀刃"上，用在急需支持、急需发展的项目上，以加快推动农村的发展。

第二，发挥财政资金"四两拨千斤"的作用，引导社会资本支持农村建设。支持农村建设是政府的职能，而农村建设包括农村基层政权建设、农村环境保护、农村义务教育、农村社会保障、农村道路建设等，其中有些属于农村纯公共产品，需要政府财政提供，也有农村准公共产品，可以由政府财政和市场共同提供。在财政支农建设中，财政不能全部承担，也无力全部承担，财政要发挥好"四两拨千斤"的杠杆作用，更多地引导社会资本参与农村建设。财政要积极主导、参与制订一些吸引社会投资的办法、程序、规定，引导社会投资，尤其对那些有经济效益和社会效益的农村投资，要鼓励社会投资，这既为农村建设开辟了资金来源，也为社会资本提供了投资渠道，实现互利互惠的"双赢"目标。同时，对于财政支农项目建设要推广"一事一议"制度，鼓励农民通过投工投劳的形式参与财政支农建设，发挥农民在财政支农建设中的作用，以节约财政支农资金，使有限的财政支农资金发挥更大、更多的效果。

第三，加强财政资金监管，提高财政支农资金使用绩效。大量的财政支农资金投向农村，如何管好用好，不仅关乎农村建设，而且影响政府在农村的形象、政府在农民心中的信誉。政府在财政支农资金的筹集、分配、使用的每个环节都要精打细算，把钱用在"刀刃"上，该花的钱必须用好，不该花的钱坚决不花，这就必须要加强对财政支农资金的监管，提高资金的使用效益。一方面要推进农村财务公开，让广大农民参与财政支农资金的使用管理。公开是最好的"防腐剂"，农民的监督管理有利于发挥农民在财政支农建设中的"主人翁"作用，以避免财政支农资金的截留、挪用，甚至是贪污行为的发生，以确保财政支农资金的安全使用。另一方面要加强对财政支农资金使用效果的绩效评价，以利于加强对财政支农资金的监管，督促财政支农资金使用的部门和单位提高财政支农资金使用绩效。同时，要发挥好财政支农资金绩效评价的作用，把财政支农资金使用绩效的好坏，作为是否保留或取消财政支农专项的依据。对于资金使用绩效不高、使用效果不好，或者根本不需要的财政支农专项，必须给予取消或核减。

把"小医务室"办成"大民生"实事

　　"小病忍，大病拖"反映的是农村情况，揭示的是农村医疗情况，也是长期以来农村医疗的基本现状。随着农村新型合作医疗体制改革的推进，近年来不少农村建起了医务室，这句话反映了农村医疗历史将成为过去，农村医疗有了新变化。也许不少人对这句话不了解、不理解，尤其是城里人，包括没有在农村生活经历的人，以为这是农村的风俗。其实，这句话反映了城乡的差别，是城乡二元结构的真实写照。长期以来，由于农村养老保险缺失和农村医疗资源缺乏，农村人生病了往往是"小病忍，大病拖"，能拖则拖，能忍则忍，小病往往熬成大病，"因病致贫，因病返贫"时有发生，这也是农村扶贫的难点，是全面建成小康社会的难点。

　　为了解决农村人"看病难、看病贵"的问题，按照党的十六大提出的统筹城乡经济社会发展战略的要求，我国从2003年开始实施新型农村合作医疗制度，把农民纳入医保的范畴，让农民也能像城市居民一样有医保，能看得起病，以缓解城乡差距，推进全面小康社会建设。

　　应该说，自从推行农村家庭联产承包改革以后，解放了农村生产力，农民的收入增加了，农业生产力有了提高，但农民碰到的最大问题还是医疗问题，即"看病难、看病贵"问题。农村新型合作医疗制度按"先起步，迈小步，不停步"的要求建立，2003年开始试点起步，从最初年均30元的标准开始，农民个人拿出10元，村集体出10元，政府财政补贴10元。经过10多年的运行，新型合作医疗制度受到农村欢迎，筹资标准从30元到几百元不等；从平均出资到政府出大头，农民出小头；报销范围从大病到门诊。

　　农村新型合作医疗制度弥补了农村医疗的空白，在很大程度上缓解了农村"看病难、看病贵"的问题，使广大农村地区的农民受益，但并不等于解决了农民所有的医疗问题，因为还要有地方看病，即看病的场所——医院问题，否则，农村新型合作医疗制度难以落地，这是由我国特殊的国情决定的。由于我国人口多、面积大、地区发展不平衡的社会主义初级阶段基本国情，城乡差距大。而我国的医疗资源配置是极其不均衡的，医疗资源主要集中在城市和县城，尤其是大城市。不少农村地区，由于交通不便，即使有了医保制度，还得有地方看病，否则医保制度只能挂在墙上，难以落地。如果农民生病，不管大病小病都集中到大城市或县城的大医院，不仅不方便，而且会造成大医院患者集中，天天人满为患，农村看病难的问题依然没有解决。而农村医务室的建立，使问题迎刃而解。

对村里的医务室，村民们普遍表示满意，这样村民伤风感冒，就不用跑远路到镇里或城里就诊，能够就近看病。村里的医务室和乡镇的卫生院、县城的大医院也有了分工，小病不出村，在村医务室看，只有患大病才到县医院，医疗资源有个合理配置，既解决了农民的看病难，也避免了大医院的人满为患。建村医务室最直接的好处是解决了村民的看病问题，使村民看病有了场所，缓解了"看病难"的问题。同时，由于村医务室建在村里，对村民的情况了解，有利于为村民建立健康档案，有利于"十三五"期间国家推进健康中国发展战略政策的落地。同时也为农村的居家养老创造条件。随着人口的老龄化、家庭的小型化，我国进入"未富先老"社会，农村的老龄化问题日益凸显，如果农村也像城里人一样，建敬老院来解决农村养老问题，显然不符合国情，政府的财政也难以承受，居家养老更符合农村实际。而农村医务室能够为老年人提供健康保障，这就为农村的居家养老提供了可能，农村养老问题也能迎刃而解。

当然，建立农村医务室，不能"一阵风"地走形式主义，关键要发挥好作用，确保可持续。农村医务室建起来，要发挥作用。就必须要有医生，并要留得住医生。这就要有好的机制，如对在农村医务室工作的医生在收入上、晋升上给予倾斜，并建立定期交流的机制，把服务农村、服务基层作为医生岗位交流的制度，使医生愿意在农村工作，安心在农村工作。同时，要加强对农村医务人员的培养。农村不同于城市，农村的医务人员必须是全科医生，看病打针、挂瓶配药、检查检验都要懂，都要会操作，这样才能适应农村医疗的需要。

　　更重要的是，地方政府的医疗资源要向农村倾斜。既然作为医务室，就要有必要的医疗资源，能够提供最基本的医疗服务。地方政府在医疗资源的配置上，要向基层倾斜，农村医务室要有必要的医疗设备，用于基础的检查；要有必要的药品，用于普通的病痛治疗；要有必要的病房，满足医疗所用。只有这样，医务室才能正常运转，病人有了常见病才愿意去医务室治疗，医务室的作用才能得以发挥。

第七章　财政政策落地生根

消费券发行使用的思考建议

消费决定生产，生产促进消费，这是经济学的基本原理。受突如其来的疫情影响，经济发展受到严重冲击，受影响和冲击最大的是消费和消费者的信心。随着疫情的好转，摆在政府面前的最突出问题是如何恢复生产，刺激消费，做到防疫和发展两不误。浙江一些地方政府开始发行消费券来刺激消费，恢复经济发展。2020年3月27日，杭州发行16.8亿元消费券；4月3日，绍兴发行1.8亿元消费券；4月3日，衢州发行1亿元消费券；等等。消费券逐渐进入经济社会。后疫情时期，政府运用消费券这一政策工具，给市场明确的信号，这对消费者信心的提振，对消费的刺激，对经济社会的全面发展必将产生积极的影响。

用发行消费券刺激消费，恢复经济发展，实质是如何处理好政府和市场的关系，即如何把政府"有形的手"和市场"无形的手"结合的问题，发挥市场在资源配置中的决定性作用和政府的重要作用。消费券作为政府启动消费的政策举措，背后依靠的是政府财政的实力和能力，是财政政策的具体化。用好消费券刺激消费、恢复经济发展必须与当前的经济发展和因疫情受到的冲击结合起来，真正发挥消费券"四两拨千斤"的作用。

一、如何发行消费券？必须结合政府的政策目标

消费券的功能很多，根据消费券的功能，可把消费券分成很多种。从国外和我国各地发行的情况看，消费券包含食品券、教育券、旅游券等。食品券、教育券、旅游券，虽然叫法不一，但都是消费券的一种形式。各种消费券使用的对象和作用的效果各有侧重，各有不同，各有千秋。食品券用于满足基本的生活需要，主要服务低收入家庭和困难群体，使弱势群

体的利益得到维护，以实现社会公平和公正。教育券主要是为了满足公平教育的需要，使教育得到均衡的发展，使受教育者的权利得到维护，等等。这次受新冠肺炎疫情的影响，大家被困在家里，无法出行，无法正常工作，同时生活方式和消费方式也被改变了。进入后疫情时期，运用消费券来刺激消费，提振消费者的信心，使经济社会尽快恢复正常，是各地发行和使用消费券的目的。

发挥消费券的放大效应作用。向社会普发的消费券，满足消费券发行的一时之需。作为特殊时期的特殊举措，政府向社会普发消费券，用于购买消费品。这种消费券发行的范围广，人人可以领取；使用的范围也很广，可以用于购买各类社会商品。其特点是作用范围广、见效快，浙江杭州、绍兴、衢州等地发行的消费券主要是这类消费券。据杭州市商务局统计，到 2020 年 3 月 29 日下午 4 点，消费券发行仅 3 天就拉动 4.53 亿元消费，消费券的作用十分明显。但这种消费券的政策作用不明显，人人普发，看似公平，实则不公平，因为用于购买基本消费品的消费券，不管富人穷人，也不管政府鼓励不鼓励，基本消费品都是需要消费的，更何况政府提供的免费的稀缺公共资源为高收入者占有，使公共资源的政策作用效果不明显，导致公共资源的浪费。因此，普发的消费券不应该经常发放，而只能作为后疫情时期的一时之举，目的是给市场信号，提振市场信心，使经济社会更快、更好地回归正常。

发挥消费券的经济杠杆作用。向特定行业和产业发放消费券，满足消费券发行的不时之需。疫情对经济社会甚至是生活方式带来全面影响的同时，对各行各业的影响又是不一样的，有些行业受影响大，有些受影响小，有些甚至是发展机会，如 2003 年的"非典"促进了网商的发展，使淘宝、京东等电子商务平台迅速崛起；而新冠肺炎疫情的暴发促进了云商的发展，云办公、云教育等风起云涌。但新冠肺炎疫情更多带来的是冲击，受其影响最大的是第三产业，尤其是旅游服务业。旅游服务业是牵一发而动全身的产业，产业的关联度大，对经济的带动作用大，对提振经济发展的信心作用明显。当前，政府在做好防疫工作的同时，重点要鼓励和引导人们走出家门、走出困境，大胆去旅游、去消费，让经济活起来、动起来。因此，政府可以针对旅游服务业等特定行业发行消费券，以便进入后疫情时期，通过政府消费券的引导，让受疫情影响大的行业尽快复苏，以实现国民经济的均衡发展。因此，针对特定行业发行的消费券，作为政府的经济杠杆，只要有需要的可能，就可以作为政府刺激消费的不时之需，灵活采用，甚至成为经济社会的常态。

发挥消费券的政策目标作用。向特定人群发行消费券，满足消费券发行的经常之需。由于受疫情的影响，许多企业停工停产，不少劳动力失去了就业机会，失去了收入来源，导致收入减少，其中影响最大的是低收入家庭。疫情期间，生活物资和生活必需品的刚性支出，使得一些低收入家庭的生活出现困难。为了解决低收入家庭和弱势群体的生活困难，政府除了建立低保制度之外，完全可以参照美国发行食物券的形式向特定人员发行消费券，主要是针对低收入家庭和困难群体，并明确消费券的使用范围，主要用于购买粮食等生活必需品，不能用于购买烟酒等高档消费品，这是消费券具备的比发放现金更大的优势。这样做，一方面可以使低收入家庭不至于因为疫情而使生活受到影响，基本的生活能够得到保障，以避免大灾后出现饥荒；另一方面又能起到刺激消费的作用，带动经济发展，避免经济的萧条。更重要的是，消费券是政府的一次性支出，而不是政府经常性的刚性支出，不会给未来财政的可持续发展带来隐患。因此，针对困难群体或低收入家庭发行的消费券，可以作为政府财政政策的一种，明确特定的用途，是政府经常采取的政策举措，一旦有需要就可以发行。

二、如何引导市场主体发行消费券？必须给予必要的政策支持

向消费者普发的消费券，相当于商家的促销行为，这种消费券既可以由政府来发行，也可以由市场主体来发行。市场主体在节假日、店庆等时期的促销行为和消费券的作用是一致的。因此，向社会普发的消费券完全可以由市场主体，即各类商家根据需要来发行，用不着政府来推广。但作为特殊时期，受疫情影响的非常时期采取的非常之策，政府应该鼓励商家发行消费券，其可以作为商家的一种促销行为，同时政府给予一定的资金补助，这是消费券发行使用的可行做法。2020年3月27日，杭州就是采用

这种形式，总共发行16.8亿元的消费券，其中财政补助5亿元资金。这样做，一方面能够调动商家发行和使用消费券的积极性，扩大消费券的发行规模以刺激消费，扩大社会需求；另一方面有利于发挥财政资金"四两拨千斤"的作用，使有限的财政资金发挥更多更大的经济杠杆作用，乘数效应更加明显。

三、如何领取和使用消费券？必须运用现代化的科技手段

政府发行的消费券如何分配到消费者手中，让消费者公平地得到消费券。2008年金融危机爆发以后，为了尽快恢复经济，杭州从2009年1月开始先后发放了两期消费券，总额达到10.5亿元。当年发行的消费券是政府有关部门印制的消费券，属于纸质消费券，需要消费者到特定的部门和单位领取。这种传统的消费券发行模式，政府不仅要承担消费券印制成本，而且要承担发行的成本，消费券的使用成本高，这种发行模式在疫情期间也是不安全的。如今，随着互联网技术的发展，支付宝、微信等移动支付工具迅速普及。按照支付宝公布的数据，2019年，支付宝的全球用户超过了10亿人，这样政府就可以和支付宝、微信等移动支付平台合作，通过移动支付平台发行电子化消费券，而非实物券，也便于消费者使用消费券。杭州的消费券就是通过支付宝发行的，领取和使用都十分方便。当然，地方政府要按照规范、便利、普及的原则，选择移动支付平台。这样推广和使用消费券，不仅方便，而且发行成本低，产生的效果也更好。

四、如何推广使用消费券？必须考虑政府财政的承受能力

消费券有刺激消费的功能，对刺激经济发展和居民消费都有好处，并且市场愿意接受，消费者也认可，因而它是疫情过后政府可以实施的有效政策举措。但是各地是否都可以通过发行消费券来刺激消费、提振市场人气和消费者信心，这也要看情况，主要是看政策的需要，更重要的是看政府财政的承受能力。消费券说白了其实就是政府给特定或非特定消费者发红包，背后支撑的是政府的能力，即政府的财力。受疫情影响，不仅经济发展受影响，政府的财政收入也受很大的影响，而且为了防疫和发展经济，

政府的财政支出急剧增加，很多地方政府的财政捉襟见肘，甚至保基本民生、保工资、保运转都有困难，显然再发行消费券是力不从心的。因此，发行消费券必须考虑地方政府财政的承受能力，一些地方财政运行情况好，结合实际可以发行一定的消费券，以实施"非常时期的非常之举"。而一些财政困难的地区，要量力而行，要慎重选择，没有能力发行的绝不能"打肿脸充胖子"，绝不能发行；否则，承受压力的是地方政府，受影响的还是地方经济和居民的生活。

不该把高房价的"板子"打在"土地财政"上

俗话说：安居乐业。安居了才能乐业，安居是乐业的前提。美国心理学家马斯洛的需求层次理论把人的需求依次由较低层次到较高层次排列分成生理需求、安全需求、社交需求、尊重需求和自我实现五类，其中衣食住行等生理需求是人的最基本需求，如住无所居就会影响经济社会发展，甚至会导致社会动荡。唐代大诗人杜甫发出"安得广厦千万间，大避天下寒士俱欢颜"的呐喊，实质反映了住房是基本的民生需求。我国政府历来重视居民的住房建设和住房改善问题，在住房改革上积极发挥市场机制在资源配置中决定性作用的同时积极发挥其调控作用，使居民的住房得到明显改善，房地产行业也得到快速发展，在有些地方甚至成为主导产业。但是，在居民住房改善和房地产业发展的过程中，有些地方出现了房价上涨过快的现象，有些人甚至把高房价和"土地财政"挂上钩，认为是房地产行业发展以后出现的"土地财政"导致了高房价，把高房价的"板子"打在"土地财政"上。如果不做认真仔细的分析，这种观点看上去很有道理，但实质上是站不住脚的，事实也并非如此。因此，如果不进行澄清，会给对房地产的调控、房地产行业的发展和政府的公信力带来影响，甚至影响居民住房的改善。

在经济发展的一定阶段出现高房价，甚至是房地产"泡沫"，是经济发展的通病，不少国家和地区都曾经出现过这一问题，比如日本、韩国，我国的台湾、香港等。为什么我国会出现高房价？这跟我国经济发展和城市化的推进是密不可分的。经济发展的过程实质是工业化、城市化、现代化的过程，其间人口的城市化，即大量的人口涌入城市，首先表现在对住房的需求。从21世纪以来，我国城市化脚步明显加快，城市化率每年几乎以1

个百分点的速度增长，每年有上千万人口进入城市。1998年，我国的城市化率为30.4%，2013年的城市化率已达到53.7%。根据《国家新型城镇化规划（2014—2020年）》，我国要解决好现有"三个一亿人"问题，即促进约1亿农业转移人口落户城镇，改造约1亿人居住的城镇棚户区和城中村，引导约1亿人在中西部地区就近城镇化。城市化使得我国居民对住房的需求即刚性需求和改善需求是大量的、持续的，因而房价的上涨是自然的。同时，住房作为特殊的商品，是财产的有效实现形式，也有保值增值的功能。投资住房也是一种投资行为，其进一步加剧了市场对住房的需求即投资需求。住房需求增加了，只要市场上住房的供给相应增加，住房的价格也是能够控制的，但事实上，要持续增加住房供应量也受到土地因素的制约。虽然我国是世界上国土面积最大的国家之一，但我国又是世界上人均耕地最少的国家之一，大量的土地是不适应人类生存的高原、沙漠和戈壁等。为了维持粮食的安全，解决14多亿人口的"吃饭"问题，我国必须严格保护耕地，必须保住18亿亩的耕地红线，而工业化、城市化本身需要大量的耕地，但地方政府用于住房建设的土地是有限的，城市住房的市场供应也受到限制，房价上涨便是很自然的事了。为了控制高房价，政府对房地产市场的调控可谓始终如一，政策不能说不严，几乎每年都有调控政策。尽管每次调控以后又是新一轮的上涨，但政策叠加的效应从2013年开始显现，全国二、三线城市的房价开始回落，不少一线城市的房价开始松动甚至走低，但2013年全国的土地出让金又创出新高。从决定价格因素的供需角度分析，高房价主要受供需影响，政府对房地产市场的宏观调控也说明，高房价和"土地财政"并没有直接的联系，也不是高房价的主要原因。

当然，不可否认也不能否认的是，高房价和"土地财政"是有一定关系的，否则，就不是实事求是，也没有说服力了。虽然高房价是由市场供求关系决定的，但高房价中包含了土地因素，因为价格是由成本和利润组成的，成本是价格的基础，而土地成本是住房成本的一个组成部分，且占的比例逐步加大，这跟土地的来源和"土地财政"的形成是密不可分的。"土地财政"主要是在分税制财政体制改革以后，随着地方政府财政职能的不断扩大，财政收支矛盾日益尖锐，地方政府培育和寻找新财源的愿望强烈，而城市化的推进，房地产市场的发展又为"土地财政"提供了可能，于是，地方政府通过经营城市的途径，将农村集体土地或城市国有土地统一收储，经过拆迁、平整等形式将生地变成熟地，再推向市场竞争拍卖，就取得了土地出让收益，形成了"土地财政"。由于地方政府拿出供应市场竞争拍卖的出让土地的有限性，以及城镇土地拆迁成本的高涨，使得土地出让的价格也不断提高，"土地财政"已成为高房价不可忽视的因素，两者之间的联系越来越密切。

在经济发展的基础上，保持房价的合理上涨，使居民收入增长和房价的上涨保持同步，这有利于房地产业的健康发展和房地产市场的繁荣。高房价不是政府所愿意看到的，也有悖政府政策初衷。因为房价的过快上涨，会影响社会资本的投资和投机，使社会资本逃离实体经济涌入房地产业，破坏实体经济的发展，导致房地产业的"泡沫"，出现所谓经济的虚假繁荣。同时，高房价也直接影响投资环境。由于房价高，生活成本和创业成本高，发展经济和引进人才的成本高，引进项目、引进投资、引进人才的难度大，这将影响地区经济的竞争力，使地区经济发展缺乏后劲。此外，由于房地产市场的不确定性，以及政府宏观调控的影响，高房价时常会引起房价的波动，导致房地产市场的不景气，从而加剧政府财政风险，影响政府公共服务的提供和社会民生事业的发展。高房价还会引起财富分配的不均衡，使社会产生大量的食利阶层，加剧社会矛盾。高房价的危害远不止这些，作为地方政府也不愿意看到房价的持续上涨，因此及时并持续对房价进行调控既是政府的职责所在，也是经济社会发展的必然。

房地产的发展、房地产价格的高低是市场行为，主要应发挥市场在资源配置中的决定性作用和政府的调控作用。虽然高房价是市场供需矛盾所决定的，但不等于政府对高房价可以放任不管，政府也要采取必要的措施，对高房价进行调控，以减少高房价对经济社会发展产生的冲击，而"土地财政"和高房价有一定的联系，要增强政府调控高房价的能力，政府就应该把对高房价的调控和"土地财政"结合起来，利用"土地财政"筹集的资金调控房价，解决居民的住房问题，推动房地产业的健康发展。各级政府要积极主动支持保障房建设，发展保障房事业，增加市场供应，满足居民的基本住房需要，把房价降下来。保障房包括经济适用房、廉租房等，主要用于满足低收入家庭和困难群众的住房需求。提供保障房，使"居者有其屋"是政府的职责。对于保障房，各级政府要大力支持，除了财政预算要安排资金支持之外，地方政府要从"土地财政"中，主要是土地出让金收入中拿出相当一部分用于保障房建设。当然，建设保障房要名副其实，户型要小、价格要低，要让低收入者和困难家庭买得起、住得起，使低收入者和困难家庭的基本住房需求得到满足。同时，也要允许高档房建设，合理控制以满足不同收入阶层的住房需求。住房作为商品，受市场调节，只要有市场需求就会有相应的供给。随着居民收入的增长，以及改革开放以后一部分人率先致富和中产阶层队伍的扩大，人们对高档房的需求增加，再加上土地级差地租的客观存在，允许高档房发展是符合市场需要和社会发展需要的。但高档房占有的土地资源多，和我国人多地少的国情是有矛盾的，因而也要合理控制，以防止土地资源的浪费。高档房的优势在于稀缺性，地方政府筹集的资金多，对"土地财政"的贡献大，地方政府也能从高档房建设筹集的"土地财政"中拿出资金用于保障房建设，以支持低收入者和困难家庭的住房改善。当然，对福利房建设政府要给予限制。福利房主要是部门和单位为干部职工个人建设的住房，不是所有的单位和部门都有能力、有条件建设福利房的，福利房往往跟特权联系在一起，容易滋生行业不正之风，甚至产生腐败，有失公平和市场竞争原则，对房地产市场的健康发展是不利的，因此政府要给予限制和制止。

由此可见，高房价主要是由市场供需决定的，而又和"土地财政"有必然的联系，政府应该把对房价的调控和"土地财政"结合起来，缓解房地产市场住房的供需矛盾，使房价和居民的收入水平相适应，稳定房价，推动房地产业的健康发展。

推进科技创新是财政的职责所在

科学技术是第一生产力，没有科技创新就没有社会进步和发展。市场经济是竞争的经济，"物竞天择，适者生存"是市场竞争的真实写照，而经济的竞争表现为产品的竞争和市场的竞争，归根到底是科技的竞争。只有有了科技创新，科技进步在生产生活中得到推广运用，才能推进经济社会发展，增加社会财富和民众的社会福祉。可以说，科技创新是民族进步的灵魂，体现了国家的经济实力和综合国力。经过改革开放40多年的发展，我国科技创新的能力有了显著的提高，国家的经济实力明显增强，已成为世界第二大经济体，成为名副其实的经济大国，但我国经济基础仍然薄弱，离科技强国、创新强国还有不少距离，突出表现在经济"低、小、散"的局面没有根本改变，同时不少中小企业创新能力弱，直接影响了我国经济发展的后劲。我国经济未来的潜力和竞争力在于科技创新。

要推进科技创新必须处理好政府和市场的关系，把市场"无形的手"和政府"有形的手"结合起来，形成科技创新的力量源泉。在社会主义市场经济条件下，企业是市场竞争的主体，也是科技创新的主体。企业为了生存和发展，本身就有竞争的压力和创新的动力，否则，企业难以生存和发展，就会在市场竞争中处于不利地位，因此企业必须发挥好在科技创新中的主体作用，加大研发力度、加强科技攻关、推进科技创新是企业做大做强的必然选择。但是，创新需要投入，而许多科技项目的投资周期长、见效慢和风险大，甚至投资金额大，有些企业不愿投，有些企业没有能力投，尤其是不少中小企业是"心有余而力不足"，这时就需要政府财政资金的支持和政策的引导。财政要发挥杠杆作用，承担起应有的职责，为企业科技创新"雪中送炭"，为企业的发展保驾护航，以弥补市场缺陷。

　　科技创新涉及的范围广，包括科技创造和科技引进，主要体现在新产品的开发、新技术的采用、新工艺的改善等方面。财政一方面要支持科技创造，这是科技创新的主要形式，体现了科技进步和科技水平，是增强经济竞争力和企业活力的源泉。政府要积极支持企业的研发投入，鼓励企业引进高精尖的科技人才，推动科技创新发明，保护好知识产权，加快科技成果的转换利用，把科技成果转化为现实的生产力。另一方面也要支持科技引进，有时候引进科技成果比自己研发时间短、投入少、效果更好；许多科技成果是人类共同的财富，引进科技成果和技术设备有利于发展中国家尤其是我国在短时间内缩小和发达国家的差距。政府要发挥好我国的比较优势和后发优势，积极鼓励企业引进国外先进的技术、先进的设备、先进的管理，加快技术改造和技术革新，提高劳动生产率，增强企业生产产品的科技含量，提高企业的市场竞争力。

　　财政支持科技创新的重点和方向明确后，各级财政要根据财力的可能，加大财政的科技投入，包括直接投入和间接投入。财政的科技投入是政府公共支出的组成部分，是财政对科技创新的直接投入。要增加财政科技的直接投入，在财政困难和财力紧张的情况下，各级财政不仅要在财政盘子的增量上做文章，更要在财政存量上做文章。在增量上，要提高科技支出占新增财力的比重，把科技创新支出提高到关系国计民生的高度；在存量上，要优化财政支出结构，提高科技创新支出占财政支出的比重。财政预算对科技研发的投入有专门的科技三项费用，这是财政支持科技创新的重要形式。要发挥好财政科技三项经费的作用，就要把经费用在对科技进步和经济发展最需要和最薄弱的环节，把财政的科技资金用在"刀刃"上，提高财政资金的使用效益，引导并推进企业的科技创新，增强企业的竞争力。

　　除了直接投入之外，各级财政还要重视间接投入，有时间接投入也能发挥更大更好的效果，即通过财政资金的引导，吸引民间资金、社会资金投资企业的科技创新，给民间资本以"定心丸"，消除民间资本的后顾之忧。逐利性是民间资本的特性，但民间资本又担忧风险，而政府财政资金的介入能够把民间资本的"逐利性"和"安全性"结合起来，使民间资本愿意投资企业的科技创新。这就要发挥好财政资金"四两拨千斤"的作用，给予一定的财政贴息和财政补助，甚至是给予少量的财政注资，引导社会资金，尤其是银行信贷资金、风险投资资金，积极支持企业的科技创新，把财政政策和金融资产结合起来为企业的科技创新提供资金来源，以缓解企业科技创新的融资难题。

当前，为了推进科技进步和科技创新，增强企业的市场竞争力，国家已出台了不少政策，从财政资金、财政政策和税收政策等方面给予支持，如对于国家战略性新兴产业、节能减排、循环经济等方面，财政有专门的项目资金支持；对企业引进海外高层次的科技人才，财政会给予奖励；对有条件和有能力的企业，允许企业的机器设备加速折旧，以加快企业的技术更新；对科技型的企业尤其是中小企业，只要列入高新技术企业，就能享受税收优惠政策，如此等等。对这些企业科技创新的财税政策，各级财税部门要落实好，政策执行要做到公平、公正、公开，对所有的企业要一视同仁，使企业真正享受到国家财政政策的优惠，从而增强企业的信心和科技创新的动力，推动企业的发展，使科技创新和企业发展相得益彰。

群众路线是做好财政工作的出发点和落脚点

坚持实事求是、党的群众路线、理论联系实际，做到一切为了群众、一切依靠群众、全心全意为人民服务，始终保持同人民群众的血肉联系是我们党的优良传统和作风，是我们党取得新民主主义革命胜利、社会主义建设和改革开放伟大成就的法宝，任何脱离实际、脱离群众的做法必将给革命、建设和改革开放伟大事业造成极大的危害。群众路线是我们党的根本工作路线，也是我们党的生命线。而财政是政府的财政，是政府职能实现的体现，也是党和政府实现"权为民所用，情为民所系，利为民所谋"的有力支撑。公共财政为社会提供公共产品，满足社会公共需要、公共服务的基本职能和党的群众路线是一致的，坚持群众路线是公共财政的内在要求，是公共财政的本质职能，是做好财政工作的出发点和落脚点。

按照党的群众路线的要求，公共财政在职能发挥作用的过程中，必须以民生事业发展为重，把更多的公共资源、更多的财政资金用在民生事业发展上。把社会的需求、人民群众的需要作为公共财政职能的重点，急群众所急、想群众所想，多做些"雪中送炭"的事，多做一些市场经济发展所必需的而市场主体又不愿意或没有能力做的事，以弥补市场缺陷，维护人民群众的利益，使人民群众真正享受到公共财政的阳光，享受到改革开放的成果；少做或不做"锦上添花"的事，把"锦上添花"的事让位于市场，更多地让市场主体去参与，去竞争，去解决，公共财政要避免与民争利，以致职能的"越位"和"错位"，要把有限的财政资金用在"刀刃"上，用在民生事业的"断腿"上，用在社会亟须的教育科技、医疗卫生、社会保障等民生事业上，以体现公共财政的本质要求。尽管这些年来我国公共财政的实力在不断增强，公共财政的能力有了显著提高，公共财政不断加大了对民生的投入，以弥补公共财政在民生事业上的"欠账"和公共财政职能的"缺位"，使民生支出在公共财政中的比例越来越高，民生事业的范围也在不断扩大，覆盖的人群也在不断增多，但总体来说，我国的民生水平还是很低的，民生的范围也是不广的，民生上的"欠账"还有很多，离满足社会的需要、百姓的需求还有很大的距离，可见，民生事业的发展、民生财政的投入任重而道远。当然，民生支出也要量力而行，要把握好民生事业和民生支出的度，民生事业发展尽量做到"迈小步，不停步"，逐步提高，逐步改善，使老百姓有盼头，不能脱离国情、实际搞民生，因为民生支出是刚性支出，可上不可下，绝不能今年做了明年不做，否则，会引起社会的波动和群众的反感。民生事业更不能是"无底洞"，什么事情都往民生上"套"，甚至出现"民生是个框，什么都往里装"的现象。如果这样的话，民生支出、民生事业发展也是不可持续的，欧债危机就是教训。发达国家都难以做到或保持"高福利"，更何况我们还是发展中国家，且是发展中的大国。

而为了实施好国家的公共政策，更好地体现党的群众路线的要求，推进民生事业发展，制度设计是关键，必须做好财政改革及发展顶层设计和底层设计，使民生事业发展有制度保障和政策依据，以真正实现"学有所教、劳有所得、病有所医、老有所养、住有所居"的民生目标，实现和谐社会建设的需要。一方面，财政民生政策制定要有长远的规划、顶层的设计，民生事业发展要充分考虑市场经济的发展需要，要有自身的发展规律，要有利于建立公平的市场竞争环境，和市场经济发展相得益彰，推动经济社会事业发展，又要符合国际惯例，要充分吸收市场经济国家发展的经验和教训，少走弯路，避免朝三暮四、朝令夕改，导致公共资源配置的不合理和财政资金使用的浪费；另一方面，财政政策的实施要符合国情和地方实际，要经得起实践的检验，要有底层的设计。虽然经过改革开放40多年的发展，我国经济社会发展有了很大的变化，经济社会发生了根本性的变化，我国成为发展中国家发展的典范，但是，我国作为世界上最大的发展中国家，发展的任务依然艰巨。底子薄、人口多、地区发展不平衡是我国的基本国情，城乡之间、区域之间发展不平衡，民生发展的水平和民生的基础不一。民生政策的制定和制度的出台，要有实践的基础，和实践相结合，要接"地气"，使财政的民生政策能够真正实施，从而推动经济社会发展，使人民群众受益。任何脱离国情、脱离实际出台的民生政策，人民群众是不拥护、不支持的，也是和公共财政的职能相违背的，和党的群众路线相脱节的，必须在实践中加以制止。

　　群众利益无小事。坚持党的群众路线，贯彻好、实施好为民理财的工作职责，各级财政部门就必须深入开展党的群众路线教育，对照形式主义、官僚主义、享乐主义和奢靡之风的表现，要经常"照镜子，正衣冠，洗洗澡，治治病"，从自身做起、从部门做起，转变工作作风，树立服务意识，加强调查研究，多听取群众的呼声，多采纳群众的意见，多考虑群众的诉求，承担起党和政府赋予财政部门的职责，用好人民群众赋予财政部门的权力，按照公共、公开、公正的市场原则，做到为民理财，科学理财，高效理财，不断推进财政改革和发展，不断加快民生事业发展，不断促进城乡之间、区域之间同步发展，实现城乡一体化、区域均衡化和基本公共服务均等化，让公共财政的阳光覆盖到全社会，让人民群众共享改革开放的"红利"。

/代后记/

以职责为己任服务好财政中心工作

　　应《中国财政》编辑部之约，为刊物办刊60年写一篇体会文章，谈谈对刊物、对研究的认识。

　　忆往昔峥嵘岁月稠。《中国财政》走过了不平凡的60年，我与《中国财政》的接触也有20余年。记得最早看到刊物是在大学的图书馆里，当时叫《财政》，是月刊，是财政领域为数不多的刊物之一。大学毕业后从事了财政工作，尤其是长期从事财政科研工作，与刊物的接触就多了，关系更密切了，刊物也先后从《财政》改为《中国财政》，从月刊改为半月刊，时效性更快、指导性更强、信息量更大。每当想了解财政改革动向、查找财政资料、学习财政业务，自然而然就想到《中国财政》；每当收到《中国财政》杂志都要认真看一看，仔细读一读，有时甚至对刊物的文章进行分类，有的游览，有的品尝，有的细看，有的领悟，有些好文章还专门收藏，从中汲取营养，提高认识问题、分析问题、解决问题的能力，不知不觉与《中国财政》结下了不解之缘。

　　刊物办得好不好，一个重要因素是看发挥的作用。《中国财政》是财政系统内政策性、指导性、实用性、可读性都非常强的刊物，是宣传财政政策、交流财政工作经验、探讨财政工作思路的阵地，也是财政部门和政府有关部门、财经院校、企事业单位交流的平台。党的十八届三中全会提出全面深化财税体制改革，把财政定位为国家治理的基础和重要支柱，明确财政改革的目标是建立现代财政制度，让财政改革和发展进入新时期。全面深化财税体制改革需要加强理论指导和政策指导，《中国财政》的地位凸显，办好《中国财政》是财政工作的一件大事，是时代发展的需要，是财政改革的需要，是财政发展的需要，对改进财政工作水平、提高财政干部素质、提升财政部门的软实力、增强财政系统的凝聚力、活跃财政系统文化，都有重要的意义。《中国财政》的责任重大、任务艰巨、使命光荣。作为《中国财政》的忠实读者，对《中国财政》充满感情、充满期待，愿《中国财政》越办越好、越办越有活力。

（一）要引导财政改革，扩大影响力

车马未到，粮草先行。全面深化改革是前无古人的伟业，是实现"两个百年"奋斗目标的必由之路。改革需要在中央顶层规划的前提下，通过广泛的宣传发动、凝聚共识，才能推进，这是改革取得成功的有效保障。而财政改革是全面深化改革的重头戏，甚至是突破口，财政宣传在财政改革过程中举足轻重。《中国财政》作为宣传财政改革和发展的阵地，天然的优势是掌握财政政策的权威性和时效性。《中国财政》紧跟财政改革的脉络，为财政改革政策的出台、财政政策的落地摇旗呐喊，在这方面发挥的作用和取得的效果是有目共睹的，是其他刊物无可比拟的，是其他刊物可望而不可即的。当前，全面深化财税体制改革任务重，出台的政策多，推进的力度大。财政改革不仅是改革的重点和难点，牵一发而动全身，而且也是舆论宣传的焦点和热点。《中国财政》必须站在财政改革的最前沿，及时报道财政高层的改革思路、财政改革动态、出台的改革政策，以及对财政改革的政策解读，继续保持报道财政权威性舆论宣传工具作用，发挥好宣传政策权威性的作用，从而积极引导财政改革。

（二）要加强地方经验挖掘，激发创造力

众人拾柴火焰高。全面深化财税体制改革是在中央顶层设计的基础上

稳步推进的，但这并不等于地方可以无所作为或无所事事，许多改革都是在地方试点或地方实践的基础上逐步推开或推广的。通过地方实践，在取得成效的基础上经过总结提炼并推广，这不仅有利于推进财政改革的深化，而且有利于降低改革成本、减少改革带来的阵痛。对地方的各种改革、各类倾向性的做法，《中国财政》总是有预见、有见地，第一时间给予报道，使地方的改革被认知、被了解、被接受，直至推广，推进财政改革的深化。全面深化财税体制改革要求《中国财政》对地方财政改革的实践必须给予足够的重视，积极关心或关注地方财政方向性和前瞻性的改革，及时总结和提炼地方财政改革的做法、取得的成效及存在的问题，起到宣传改革、推动改革的作用。《中国财政》有这方面的条件，这是其他刊物难以做到的，《中国财政》要积极发挥有地方财政部门做支撑，联系面广、读者群多、作者分散的优势，关注地方财政改革，主动挖掘各地的好做法、好经验，以起到集聚改革的作用，交流经验、探讨问题的作用，使刊物的优势充分体现出来，从而激发地方财政改革的热情，推动地方财政改革，进而推进全面深化财税体制改革。

（三）要办出特色，提高吸引力

尺有所短，寸有所长。《中国财政》作为财政领域的政策指导性刊物，既能立足财政看财政，又能做到跳出财政看财政，及时对国家财政改革发展的政策进行解读，对地方财政改革和发展起指导作用；刊物又有时效性，刊物有高度的敏锐性，"围绕中心，服务大局"，对于国家财政政策，能够及时反映，及时跟踪，及时宣传；同时刊物还有可读性，刊物的文章不长，但语言简练、结构严谨、用词得当，专业的文章看起来并不枯燥。这些都是《中国财政》的特色，是《中国财政》区别其他财经刊物的重要特点。《中国财政》办出了自己的特色，赢得了读者的肯定，已成为财经理论工作者和实际工作者了解财政、学习财政、研究财政不可或缺的期刊。对《中国财政》的办刊宗旨、办刊特色必须保留，必须持之以恒，并且要继续发扬光大，这是《中国财政》的优势和生命力所在，是《中国财政》与其他刊物区别所在。尤其是要进一步在前瞻性方面下功夫，时刻关注和把握财政改革的主旋律，抓住财政改革的脉络，增强刊物对财政实际工作的指导。同时，要深刻把握刊物的可读性，尽管是专业刊物，但读者群体广泛，因此必须坚持理论联系实际，讲事实、摆道理要简明扼要，用通俗的语言把道理讲清楚，增加刊物对读者的吸引力，使读者喜欢看，愿意看。

（四）要注重沟通协作，增强凝聚力

三个臭皮匠，顶个诸葛亮。形式是为内容服务的，好的内容要有好的形式来体现，刊物办得好不好，有没有好的内容，有没有好的形式，有没有影响力，这主要取决于三方面的因素：一是靠作者。刊物的内容是写出来的，而写文章又是辛苦的脑力劳动，因此对刊物的作者群要给予更多的鼓励，使作者主动为刊物写文章，积极向刊物投稿。刊物的稿源丰富了，选择余地大了，刊物就容易办好。二是靠编者。好文章不仅仅是写出来的，更是改出来的，编辑为他人做嫁衣裳，需要有一种甘愿牺牲的奉献精神，一方面要有慧眼、嗅觉、灵敏度、超前意识和判断力，组织编好每期的刊物；另一方面要主动放下架子，甘当小学生，主动出击，积极和作者联系组稿。三是靠读者。如果对商场来说消费者是上帝，那么对刊物来说读者就是上帝，读者愿不愿意看刊物，愿不愿意订刊物，这是衡量刊物成功与否的重要标准。因此，刊物要加强读者和编者的互动，广泛听取读者的意见和建议，让读者能够主动参与为刊物出谋划策。《中国财政》有全国财政系统做支撑，有办好刊物的条件和资源，同时《中国财政》要进一步用好这些资源，加强编者、作者和读者之间的沟通，做好通联工作，定期把刊物关注的话题和作者、读者沟通，不定期听取作者和读者的意见和建议，把大家的心紧密联系在一起，发挥大家的积极性和创造性，使大家更加关心刊物，共同办好刊物，这样《中国财政》作为纸质媒体在和网络媒体竞争时，能够继续发展、继续壮大。

弹指一挥间，60年过去了。《中国财政》伴随着中华人民共和国财政的发展而发展，在中国财政发展史上留下了光辉一页。愿《中国财政》越办

越好，越来越受读者欢迎，为我国财政改革和发展发挥更大的作用。愿《中国财政》的明天更美好！

《中国财政》走过了60年，也见证了40多年的改革开放，为财政改革摇旗呐喊，助推了财政改革的深入和现代财政制度的建设。以上是我对《中国财政》60年的办刊体会，代本书的后记也是合适的。